分|寸|感

做人的高级修炼

宿文渊 著

中华工商联合出版社

前　言

很多人做事一直很讲究一个"度"字，常说的"过犹不及"就是这个意思，多了少了都不好。所以说凡事须讲"度"，率性而为不可取，急于求成事不成，心慌难择路，欲速则不达。过分之事，虽有利而不为；分内之事，虽无利而为之，这都是"度"。这个"度"其实就是分寸，也是人生当中最难把握的两个字。**待人接物、处世做人、成就事业，都离不开分寸感。**

有分寸感的人，会知道弯曲也是一种人生境界。生活的苦痛总是阻碍我们前进的脚步，如果不懂得忍让，不懂得用"弯曲"的手段保护自己，小觑或无视生活中有意或无意设置的低矮"门槛"，那么等待我们的结果就只有被撞得头破血流。

有分寸感的人，相信只有低头实干才能取得更好的成绩。成功并不是轻易就能获得的，有些人会对你的坚定执着给予讥讽或嘲笑，也有一些人会因为嫉妒而给你的生活增加许多障碍。有分寸感的人，不会因为他人的漠视和讥讽就放弃理想和抱负，他们只接受生活中最美好的一面，会对生活中的一切充满了感恩。即使是立于荆棘之中，他们也会相信：生气不如争气，只要自己有恒心、有毅力，就一定能够闯出一片属于自己的天地。

有分寸感的人，不会只顾及自己的面子。他们懂得付出，懂得体贴，懂得为他人着想；他们拥有一颗爱人的心，懂得只有爱才会让人无条件地忍让。只有懂得了从他人的角度出发，我们才能更多地理解他人、珍惜他人，并获得他人对我们的真诚相待。

分寸感既是一种策略，也是一种姿态，更是一种品格、一种风度、一种胸襟、一种魄力。有分寸感的人能够于红尘万丈中，始终保持一种高洁淡雅的志趣，以平和的心态来看待世间的功利得失，励精图治，且能宠辱不惊、贫贱不移。有分寸感的人，自有其浩然的气度，他们以豁达随和的处世态度，赢得了别人的敬重，也为自己的生命收获了一份高贵的尊严。

事实上，把握好了人生分寸，就等于掌握了自己的命运。掌握人生的分寸感于我们每个人的为人处世都有着至关重要的意义，那么我们不妨开卷细读，于世事沉浮中感悟分寸感的处世哲学。但愿这本书能成为你人生路上的良师益友，为你指点迷津解除困惑。

目 录

第一章 洞悉人性，拿捏分寸

对方再谦虚，也不要过分表现自我 /002

你可以保守他的秘密，但莫让他保守你的秘密 /004

以诚动人，抓住人心 /006

展现自信的风采，给对方一颗定心丸 /009

率先化干戈为玉帛，也会成为朋友 /011

充分交流，才能获得更多信息 /013

第二章 说话嘴上带把尺，掌握火候不越雷池

口不择言闯大祸 /018

宁可犯口误，不可犯口忌 /020

别人的隐私，千万不能乱调侃 /022

不能说的秘密，一定要守口如瓶 /024

说出来的永远少于需要说的 /028

掌握火候，说笑间得"笑果" /031

别拿滑稽当幽默，小心惹人更害己 /033

裹层"糖衣"，批评奏效不伤人 /036

巧用暗示，拒绝也不得罪人 /039

实话要巧说，坏话要好说 /041

有时候，沉默真的是金 /044

第三章　别让不好意思害了你

原则问题不能让步 /050

用努力拼搏争得面子 /052

正确对待荣誉，记得感谢与分享 /054

别为面子沉浸在别人的吹捧中 /057

自欺欺人，只能作茧自缚 /059

走出虚荣的死胡同 /060

不要把得失看得太重 /062

莫因怕出丑而失去尝试的机会 /063

自己少要点儿面子，给别人多点儿面子 /065

第四章 用怒气去攻打，不如用微笑去打动

为人处世容人为上 /070

留有余地是一种理智的人生策略 /073

律己宜严，待人宜宽 /075

迁怒是不负责任者的行为 /077

不要把别人的冒犯放在心上 /079

指责只会招来对方更多的不满 /081

得理也要让三分 /083

放大镜看人优点，缩微镜看人缺点 /084

容人小过，不念旧恶 /088

第五章 表现张弛有度，做事脚踏实地

学做"第二"不等于甘居人后 /092

飞得太高时，要学会"软着陆" /093

没有花的芳香，就当最有生机的绿叶 /096

当当配角也无妨 /098

自视过高易受挫 /100

叫嚣抵不过低头实干 /104

反击别人不如充实自己 /106

成就不与骄矜相约 /109

别让卖弄毁了前程 /112

盛气凌人是浅薄和庸俗的表现 /115

第六章　大事不能含糊，小事不妨难得糊涂

恰到好处，才是最好 /120

形醉而神不醉，外愚而内不愚 /122

糊涂是对生活的融通 /124

会吃亏是比金钱更值得珍视的财富 /126

不是聪明得太快，而是糊涂得太迟 /128

记住该记住的，忘掉该忘掉的 /131

不过一碗饭，不过一念间 /133

洞明人生，难得糊涂 /135

第七章　玫瑰有刺，完美主义者也要接受瑕疵

不完满才是人生 /140

苛求完美，生活会和你过不去 /143

完美只是海市蜃楼的幻想　/145

绝对的光明如同完全的黑暗　/147

思想成熟者不会强迫自己做"完人"　/151

玫瑰有刺，完美主义者也应接受瑕疵　/153

朋友如音乐，也有觉得刺耳的时候　/155

过度挑剔不如充实自己　/157

包容不完美，才有完美的心境　/159

第八章　生活中计较少一点儿，快乐才会多一点儿

快乐的法则：少一点儿，多一点儿　/164

不要对自己太苛刻　/166

烦恼本是自家生　/167

切勿悲观，何必杞人忧天　/169

气是自己找来的　/172

让忧愁远离你的生活　/175

幸福趁现在，何必去预支明天的烦恼　/176

第九章　职场成功的秘诀

坚守和谐共处原则　/180

凡事做到位，但不要越位　/182

脑子里是"意见"，出口是"建议"　/185

满足上司的尊重需求，切忌私自定夺　/188

同事不是家人，不能乱发脾气　/191

第一章

洞悉人性，拿捏分寸

对方再谦虚，也不要过分表现自我

在与人交往的过程中，我们总能遇到一些谦虚有礼的人。他们总是客套地说："如有不周之处，还请多多指教。""请多提宝贵意见。""很多方面需要向您多多学习……"虽然我们想得到别人的认可，就得善于表现自我，但是如果表现过分反而会让别人反感，而周围反感你的人多了，就会让你寸步难行。因此，适当地低调一些，适度地隐藏自己的实力是明智之举。

柳萍下岗后好不容易在理发店找到一份工作，她觉得应该主动找事做。于是，她每天赶在大家上班之前，就把地擦干净，把所有的理发器具也擦得一尘不染。

柳萍没想到的是，自己的"过分表现"却引起了别人的不快。原先负责打扫卫生的女孩，虽然表面跟柳萍客客气气，常说"我有做得不好的地方，还请多多批评"一类谦虚的客套话，背地里却老跟柳萍过不去，总到老板那里打小报告。幸好后来有一个机会，才使两人消除了误会，柳萍这才意识到自己无意中把别人的"工作"给抢了。

无独有偶，还有一个事例与之类似。

王伟是某大型企业综合办公室的主任，对下属非常和蔼，总喜欢说"有什么意见，大家尽管提"。不过，谈起新人在单位急于表现的话题，他却摇头叹气。他举例说，有一年招了一个中文系毕业生，人是很用功，但那股劲儿总是使不到点子上。

毕业生来上班的第三天，看见王伟桌子上有一份领导发言稿，私自看后他觉得文章结构不合理，于是也没请示王伟就把稿子拿回去改了很多内容。改完以后，直接把稿子交到了领导手里。

那篇稿子的初稿是王伟写的，已经给领导看过了，并根据领导的意思做了修改，文章的结构也是领导惯用的。开会时，领导读起稿子来很不顺，与自己习惯的风格相去甚远，影响了会议效果。会后，领导对王伟大发雷霆。

事后，王伟把那个毕业生叫到办公室，可他不但不觉得自己做错了事，还辩解说自己是为领导好。经过这件事以后，办公室的同事都有点儿讨厌他。

无论是谁，到了一个新的工作环境中，总希望尽快展现自己的才华，以求得到别人的了解与肯定。急于显露自己的能力，这是很多新人的通病，也是人之常情。但与他人打交道，掌握好分寸，在刚开始相互接触或接手某些事情的时候，应该学会低调，适当地隐藏自己的实力，对方再怎么谦虚，也不应该过分表现自己。这样才能尽快融入新环境，工作起来才能得心应手。

你可以保守他的秘密，但莫让他保守你的秘密

在人际交往中，许多人，尤其是年轻人，常常把自己的秘密告诉别人。甚至有的人如果没把自己的心事完全告诉询问的人，心中就会不安，认为自己没有以诚待人，感到对不起人家，认为别人对自己很好或很重要，不告诉人家自己的秘密是错的。很显然，这些人在如何对待自己的秘密和如何以诚相待这些问题上，对所谓的"知无不言，言无不尽"存在一种错误的认知。

在生活中，人与人之间需要交流，需要友情，但谁都不愿与一个从不袒露自己的内心世界、对任何问题都不明确表态的人交往。但坦诚并不意味着别人要把内心世界的一切都暴露给你，也不意味着你要把内心世界的一切都暴露给别人。每个人都有秘密，这是正常的，也是必要的。

例如，小李有一次把自己最重要的秘密告诉了小张，同时再三叮嘱："这件事我只告诉你一个人，千万别对别人说。"然而一转脸，小张便把小李的秘密添枝加叶地告诉了别人，让小李在众人面前很难堪。这种违背诺言的行为有时出于恶意，有时可能就是没有保守秘密的习惯。

当然了，能否保守秘密也与一个人的品质修养有关。有的人

透明度太高，这种人不但不能为别人保守秘密，就连自己的秘密也保守不住。有的人泄露别人的秘密，不是为了伤害别人，而是为了抬高自己："咱们单位的事，没有我不知道的。""我要是想知道某件事，就一定能打听出来……"这种人经常这样炫耀自己，他们认为，知道别人的秘密越多，自己的位置就越高。用泄露别人秘密的方法伤害别人、娱乐自己，甚至把掌握的秘密当作要挟别人的把柄，当作自己获得大家关注的阶梯，这种人在我们周围并不少见，对这种人我们最应该提高警惕。

再回到前面的例子，像小李那样让他人为自己保守秘密，远比自己保守秘密难得多。因此，不到万不得已的时候，不要与他人分享自己的秘密，要学会自己的秘密自己保守。因为你的秘密一旦进入别有用心的人的耳中，它就会成为关键时刻别人攻击你的武器，使你在竞争中处于被动的局面，甚至因此而失利。

许军是某公司的业务员，在厦门工作已经有3年的时间了，因为他工作认真、勤于思考、业绩良好，被公司确定为中层后备干部候选人。总经理找他谈话时，他表示一定会加倍努力，不辜负领导的厚望。但他无意间透露了一个本应只属于自己的秘密而被竞争对手利用，随后遭到排挤，最终没被重用。

原来，许军和同事王广林私交甚好，常在一起喝酒聊天。一个周末，他备了一些酒菜约了王广林在宿舍里共饮。两人酒越喝越多，话越说越多。微醉的许军向王广林说了一件他对任何人也没有说过的事。

"我高中毕业后没考上大学,有一段时间闲着没事干,心情特别不好。有一次和几个哥们喝了些酒,认为离家不远,便开车回家。途中,被警察查到,因酒驾被处罚款并暂扣了6个月驾驶证。我后悔极了,决心改过自新,但四处找工作,处处没人要。没办法,经朋友介绍我才来到厦门。不管咋说,现在咱得珍惜,得在公司好好干。"

谁知道,没过两天,公司人事部突然宣布王广林为业务部副经理,许军调出业务部另行安排工作岗位。事后,许军才从人事部了解到是王广林从中捣鬼。原来,在候选人名单确定后,王广林来到总经理办公室,向总经理说了许军曾酒后驾车的事。不难想象,老板肯定要重新考察这次调岗的事。

知道真相后,许军虽又气又恨又无奈,但也只得接受事实,去了一个不怎么重要的部门上班。

以诚动人,抓住人心

人与人之间交流时,如果想要说服对方认同你的观点,依靠的是以诚服人、以情服人、以理服人、以德服人,这是感情、知识和心智的力量使然。情感的力量是情感方面的认知和共鸣,知识的力量能使人们信服观点的论证过程,心智的力量能使人们接受辩手本身，并进而相信和支持你的论证与反驳。

正如一位诗人所言："动人心者，莫过于情。"抓住了对方的心，与对方交谈也就成功了一半。

如果为人真诚，说话之前先有了真诚的心，那么即使是"笨嘴拙舌"也没有什么关系。在与人交流时表达真诚要比单纯追求流畅和精彩更重要。

1915年，小洛克菲勒还是科罗拉多州一个不起眼的人物。当时，美国工业史上发生了最激烈的罢工，并且持续两年之久。愤怒的矿工要求科罗拉多燃料钢铁公司提高薪水，小洛克菲勒正负责管理这家公司。由于群情激愤，公司的财产遭受破坏，政府派警察前来镇压，因而造成流血事件，不少罢工工人受伤。

那种情况下，可说是民怨沸腾。小洛克菲勒后来却赢得了罢工者的信服，他是怎么做到的呢？原来，小洛克菲勒花了好几个星期结交朋友，并向工人代表们发表了一次充满真情的演说。那次演说可谓卓有成效，不但平息了众怒，还为他赢得了不少赞誉。演说的内容是这样的：

"这是我一生当中最值得纪念的日子，因为这是我第一次有幸能和这家大公司的员工代表们见面，还包括公司行政人员和管理人员。我可以告诉你们，我很高兴站在这里，有生之年都不会忘记这次聚会。假如这次聚会提早两个星期举行，那么对你们来说，我只是个陌生人，我也只认得少数几张面孔。

"上个星期以来,我有机会拜访整个公司南区矿场的生产区和生活区,私下和大部分代表交谈过,我拜访过你们的家庭,与你们的家人见过面,因而现在我不算是陌生人,甚至可以说是朋友了。基于这份互助的友谊,我很高兴有这个机会和大家讨论我们的共同利益。由于这个会议是资方和劳工代表共同召开,承蒙你们的好意,我得以坐在这里。虽然我并非股东或劳工,但我深觉与你们关系密切。从某种意义上说,我能够同时代表资方和劳工。"

……

这样一番充满真诚的话语,是化敌为友的最佳途径。假如小洛克菲勒采用另一种方法,与矿工们争得面红耳赤,用不堪入耳的话辱骂他们,或用话暗示错在他们,用各种理由证明矿工的错误,那结果只能是招惹来更多的怨恨和对立。

真诚就像一颗种子,你细心维护它,有一天它就会结出让你惊喜的果实。你真挚对待他人,他人也会真挚地对待你。需要注意的是,我们不能把付出真情当作某种本小利大的低风险投资,使别人觉得你的"真情"只是一种交易的筹码,而"算计的权利"全在你的手中。

展现自信的风采，给对方一颗定心丸

不知道你是否注意到一个现象：无论是去应聘，还是平时与他人交往，自信的人总是比唯唯诺诺的人更受欢迎。这是为什么呢？

很简单，自信是人生重要的心理状态和精神支柱，是一个人前进的内在动力，是自我成功的必需法宝；自信能够使弱者变强，使强者更强。我们只有相信自己，才能激发进取的勇气，才能挖掘自身的潜力，才能在成功的道路上健步如飞。所以，在他人面前展现出你自信的风采，无疑是给对方一颗定心丸，让对方认为你是有能力的、有实力的。

一个下着小雨的中午，车厢里的乘客稀稀拉拉的。车停在一个不起眼的小站，上来了一对残障父子。中年男子是个视障人士，而他不到10岁的儿子也只有一只眼睛勉强能看到东西。父亲在小男孩的牵引下，一步一步地摸索着走到车厢中央。当车子继续缓缓往前开时，小男孩开口说："各位先生、女士，你们好，我的名字叫麦蒂，下面我唱几首歌给大家听。"接着，小男孩用电子琴自弹自唱起来，电子琴音质很一般，但孩子的歌声却有天然童音的甜美。

正如人们所预料的那样，唱完了几首歌曲之后，男孩走到车厢头，开始"行乞"。但他手里既没有托着盘子，也没有直接把手伸到你前面，只是走到你的身边，叫一声"先生"或"女士"，然后默默地站在那儿。乘客们都知道小男孩的意思，但每一个人都装出不明白的样子，或者装睡，或者干脆扭头看向车窗外面。

当小男孩双手空空地走到车厢尾部时，一位中年妇女尖声大喊起来："真不知怎么搞的，纽约的乞丐这么多，连车上都有！"

这一下，几乎所有人的目光都集中到这对残障父子身上。没想到，小男孩竟表现出与年龄不相称的冷静，他一字一顿地说："女士，你说错了，我们不是乞丐，我们是在卖唱。"车厢里所有淡漠的目光刹那间生动起来，有人带头鼓起了掌。然后，大家向小男孩伸出了援助之手。

一个没有生存能力的孩子，顽强不屈地承受着生命给予他的考验。在有人悲叹自己命运不济的时候，小男孩却用自己的成熟和坚强支撑着一家人的生活，用自己的劳动、自己的歌声为家里赢得收入。面对别人的嘲笑，他毫无自卑之感，自信坦然。面对这个小男孩，所有的自卑都变成了逃避人生的借口，只要坚持相信自己，掌声一定属于自己。

一般来说，我们既可以通过语言来表达自信，也可以通过身体姿态等来表现自信。对于语言，你可以在陈述问题时表现得更加诚恳一些，简单明了，有重点；与人交流时可以多使用"我认为""我宣布"等词汇；对某件事有异议时，多提出建设性的意见，而不是责骂或假设"应该如何"，想提出改进意见时不用劝告的语气；以清晰、稳重、坚定的语调表达自己的思想；可以通过主动询问的方式去了解别人的思想或情感等。对于身体动作,在与他人当面交流的时候,多以赞赏的眼光与对方接触;坐、立姿态坚定挺拔;以开朗的表情反馈别人的评论;以平静的语气强调重点词汇,心中没有犹豫等。

自信是一生的修炼,是一个人热爱自己并不断完善的过程。也许你并没有意识到:在大部分时间、大多数事物中,不是别人限制你,而是你埋没了自己!

率先化干戈为玉帛,也会成为朋友

人生漫漫,我们总是会遇到形形色色的人。有时,一次竞争,一个分歧,甚至一句玩笑,都有可能令我们多一个"敌人"。常言道:"多个朋友多条路,多个敌人多堵墙。"树敌的行为对我们个人的发展是非常不利的。

然而,时光不会倒流,世界上也没有后悔药卖,一旦我们被对方放在对立面,就已是既成事实。那有没有化解他人敌意的好办法呢?想要化敌为友,你必须学会率先迈出第一步。

在苏伯比亚小镇上,乔治和吉姆是邻居。虽然他们住得非常近,但他们的关系一点儿都不和睦,互相不喜欢。日常生活中,他们相遇时总会发生口角。即使夏天在后院开除草机除草时,车轮碰在一起，他们多数情况下也不会跟对方打招呼。

一年夏末，乔治和妻子外出度假几周。由于两家一向彼此充满敌意，吉姆和妻子一开始并未注意到乔治夫妇不在家。没错，注意他们干什么？除了口角之外，两家几乎没什么话可说。

突然有一天傍晚，吉姆在自家院子除过草后，发现乔治家的草已经很高了，与自家刚刚除过草的草坪形成鲜明对比。对附近过往的人来说，都会发现满院高草的这家主人显然不在家，而且离开很久了。吉姆想，这不是等于公开告诉那些别有用心的人吗？这个想法如闪电一样抓住了吉姆。当吉姆再一次看到乔治家那高高的草坪时，尽管心里非常不愿意去帮助那个他非常不喜欢的人，但第二天早晨，他还是把那块长疯了的草坪打理好了。

等乔治和妻子度假完回到了家后发现，自己不在家时竟然有好心人帮他们把草坪收拾得如此干净、整齐。他们很想知道这位好心的朋友是谁，于是就到整个街区的每一家询问。

可除了吉姆家，所有被询问的邻居都说不是自己除的。最后，乔治敲响了吉姆家的门。吉姆开门时，乔治站在那儿不停地盯着他，脸上露出奇怪和不解的表情。

过了很久，乔治终于说话了："吉姆，你帮我除草了吗？"这是他很久以来第一次这样称呼吉姆的名字。"我问了所有的人，他们都说没有。杰克说是你除的，是真的吗？是你做的吗？"

"是的，乔治，草是我除的。"吉姆答道。他以为乔治会因为自己主动除草而大发雷霆。可乔治犹豫了片刻，像是在考虑要说什么,最终用他那低得几乎听不见的声音嘟囔了一句"谢谢"之后,就非常羞愧地转身走开了。

能够主动帮与自己对立的人做一些力所能及的事,这几乎是常人意料之外的。不过,这种帮助所带来的结果往往也是常人意料之外的。

吉姆的主动帮忙打破了他与乔治之间的敌意和沉默。尽管后来他们还没发展到在一起打高尔夫球或保龄球的程度,他们的妻子也没有为了互相借点糖或是闲聊而频繁走动,但他们的关系已经改善了。至少在街上偶遇的时候他们相互间有了笑容,还会经常说一声"你好"。也许没多久,他们就会像朋友一样相处。

所以,当你与他人发生矛盾时,一定要学会主动示好。这可以帮你把眼前的那堵墙推倒,让你的前路更顺畅。

充分交流,才能获得更多信息

只要你稍微留心,便会发现:无论在职场,还是在生活中,那些总能赢得他人喜欢的人,往往是精明、内敛的倾听者,而不是滔滔不绝、夸夸其谈的诉说者。为什么呢?道理很简单,能说的不如会听的,尽量让对方多说,你才能获得更多信息。

老张被邀请参加一个桥牌爱好者聚会,但他不玩桥牌,在场的一位女士也不玩。两人简单寒暄后,女士发现老张爱旅行,经常去欧洲,因此她说:"啊,张先生,你能把所有你去过的那些美妙的地方,以及你所见过的那些美丽景色,全部告诉我吗?"

于是,俩人坐在沙发上聊天,女士说她和丈夫最近刚从非洲旅行回来。"非洲!"老张惊叹着说,"多有意思啊!我一直想去非洲看一看,但除了有一次在阿尔及利亚待了24个小时以外,我从没去过别的地方。请向我讲一讲,你是否看过那个动物大迁徙?真的,我多羡慕你,请把非洲的情况讲给我听听。"

接下来,那位女士滔滔不绝地告诉老张自己到过的地方,那里多么有趣……45分钟就这样过去了,她没能从老张口中得到丝毫关于欧洲的信息,反而非常开心地把自己所知道的关于非洲的信息都告诉了老张。

不难发现,在这次交谈中,老张以一个"饶有兴趣的听众"的身份,赢得了女士的喜欢,所以她非常开心地将自己所知道的非洲旅游信息全部告诉了老张。这也告诉我们,如果你会听,很多时候比能说更讨人喜欢。

也许你会问原因?这个问题的理由至少可以举出两个:第一,只有凭借聆听,你才能学习更多知识;第二,很多人只对认真听他说话的人有好感。

你也许想不到,想了解别人的想法,最好的办法就是听听他的意见,让他自己说出你想了解的事情。

第二章

说话嘴上带把尺，
掌握火候不越雷池

口不择言闯大祸

几乎人人都知道这样一句话:"口不择言闯大祸。"没错,与别人谈话时,必须要时刻清醒,该说的说,不该说的不要出口,否则很容易让自己陷入危险境地。

纪晓岚中进士后,当了侍读学士,陪伴乾隆皇帝读书。

一天,纪晓岚起得很早,从长安门进宫,等了很久,还不见皇上到来,他就对同来侍读的人开玩笑说:"老头儿怎么还不来?"话音刚落,只见乾隆已到了跟前。因为他今天没有带随从,又是穿着便服,所以没有引起大家的注意。皇上听见纪晓岚的话,很不高兴,就大声质问:"'老头儿'三字作何解释?"

旁边的人见此情景都吓了一身冷汗。纪晓岚也吃了一惊,心说这话本无恶意,但却被皇上听到了,而且还当着众臣的面。纪晓岚突然灵机一动,快速回道:"万寿无疆叫作'老',顶天立地叫作'头',父天母地叫作'儿'。"

乾隆听了这个恭维自己的解释,才转怒为喜,不再追究了。纪晓岚这才把提到嗓子眼的心收了回来。

这只是个民间传说，我们不需要去考证它的真实性。但它给我们一个启示：即使你是铁齿铜牙，说话也不可口无遮拦。

在与他人言谈的过程中，我们要恰当地回避他人忌讳的东西，这样才能使彼此交流融洽。就拿最常见的朋友聚会来说，大家不免要开开玩笑，使气氛更加欢愉，这是一种乐趣。但你把不该说的话说了，如揭了朋友的伤疤等，就很容易使气氛骤变，尤其是有朋友携好友或恋人在场的时候，情况就会更糟。

小张长得高大英俊，在大学校园内有"恋爱专家"的雅号。如今他是一家外资公司的高级职员。出色的外表和丰厚的薪水使他在众多女性朋友中选了貌若天仙的小丽做女朋友。正值春风得意之际，小张带着小丽去参加了一次同学聚会。

就在大家闲谈的时候，同学小王无意谈起了大学校园浪漫的爱情故事，故事的主人公自然是"恋爱专家"小张。小王眉飞色舞地讲述小张如何引得众多女生追捧，又如何在花前月下与女生卿卿我我。小丽刚开始还觉得新奇，但越听越不是滋味，终于拂袖而去。小张只好撇下同学去追小丽。

故事中，小王并不是有意要揭小张的伤疤，但他口无遮拦地追忆往事却无端造出了乱子。这不仅使小张要费不少周折去挽回即将失去的爱情，而且使在场的人心里也不愉快。

可见，无论在什么场合、什么情况下都要把握说话分寸，做到该说的说，不该说的不说，这样才能创造出和谐的氛围。

宁可犯口误，不可犯口忌

现实生活中，言谈交际可以形容为一场没有硝烟的战争。谁掌握了语言的运用要领，谁就掌握了战争中武器的运用要领。无数实践证明，语言策略中，宁可犯口误，也不可犯口忌。

康熙皇帝在年轻时励精图治，创下不少功业。但到了晚年，由于年纪渐长，产生了一个怪脾气——忌讳人家说"老"。如果有谁说"老"，他轻则不高兴，重则给对方治罪。所以，臣子们都知道他这个心思，一般情况下都尽量回避说"老"字。

有一次，见天气风和日丽，康熙便率领一群妃子在后花园的湖中垂钓，不一会儿，渔竿一动，他连忙举起钓竿，只见钩上钓着一只老鳖，心中好不喜欢。谁知刚拉出水面，只听"扑通"一声，鳖却脱钩掉到水里跑掉了。康熙长吁短叹连叫可惜，在康熙身旁陪同的皇后见状连忙安慰说："看样子这是只老鳖，老得没牙了，所以咬不住钩子了。"

皇后话音未落地，旁边一个年轻的妃子却笑起来，而且一边笑一边不住地看着康熙。康熙见了不由得龙颜大怒，他认为皇后是言者无心，而那妃子则是笑者有意，是含沙射影，是在笑他没有牙齿,老而无用了。于是将那妃子打入冷宫,终生不得复出。

年轻的妃子因为无心之笑而被打入冷宫,除了她自身的修为不够之外,很大一部分原因在于她不懂得语言运用的禁忌,触犯了皇帝的大忌。康熙由于上了年纪,体力和精力都有所下降,但又不肯承认这个现实,而且也希望他人在客观上否认这个现实,故而一旦有人涉及这个话题,他心理上就承受不了。虽然表面看来是皇后说出的那句话,是皇后犯了大忌,但皇后未被治罪是由于她与妃子同康熙的感情距离不同。皇后说话后,因为康熙与皇后的感情距离较近,他产生的是积极联想,所以他只是从字面上去理解,知道皇后是出于一片好心来安慰,即便是有错,也不过是口误。妃子虽然没有说话,只是笑了笑,但她疑似在皇后的基础上的引申,是对皇上的大不敬。所以,同样的问题,同样的环境,由于不同人物的不同理解便引出不同的结果。正所谓"说者无心,听者有意"。

美国的保罗·魏里希提出了一种语言博弈中的策略型均衡,指在两种都会带来损失的策略中选择损失较小的那个,以达到一个相对的均衡。具体到上面这个故事,在犯错和犯忌这两个非优策略中,选择犯错显然可以达到一个策略型均衡。一般来说,人不怕犯错,最怕犯忌。犯错,可以说是"各人造业各人担",是一种疏失,可以避免的;犯忌则是自己招惹是非,无法补救。深谙策略型均衡智慧的人都明白:宁可犯错,也不要犯忌。

人常说:"**不打勤不打懒,专打不长眼。**"人生在世有很多忌讳,如果你在无意之中触犯了别人的忌讳,就会在无形之中得罪对方。所以在工作和生活中,与他人进行言语上的博弈时,一定要眼观六路、耳听八方,千万不要触犯了别人的忌讳。

别人的隐私,千万不能乱调侃

每个人都有自己不想让人知道的那一部分小秘密,即所谓的隐私。有些人喜欢把它夹在日记本里珍藏,有些人喜欢把它密封在小盒子里让人遗忘,有些人喜欢把它深埋心底,只有自己可以回味……

既然隐私有其"隐"的一面,我们在与他人相互闲聊或调侃时,哪怕感情再好,也不要把他人的隐私公布于众,更不能拿来当作笑料。正如那句老话,"祸从口出",为人处世一定要把好口风,什么话能说,什么话不能说;什么话可信,什么话不可信,都要在脑子里多想想,心里要有分寸。你知道了哪些人的机密?这些机密是不是应该保住?如果他们是一些对个人隐私极度保护、敏感万分的人,万一传出去,结果会怎么样?

钱云和妻子结婚半年后生了一个小孩,同事们纷纷赶来道喜,陆路也来了。他拿来了自己的礼物——字典,钱云先谢过了他，但带着迷惑的眼神问："你给这么小的孩子赠送字典，不太早了吗？"

"不，您的小孩儿太性急。本该四个月后才出生，可他偏偏现在就蹦出来了，再过半年，他肯定会去上学，所以我才给准备了字典。"全场哄然大笑，钱云夫妇显得有点儿不高兴。

陆路明显把他们未婚先孕的隐私给捅了出来，本来不想让人知道的事一下传播开了，这样令大家都处于尴尬的局面。

钱云是一个自尊心很强的人，很少和人聊天，上班期间就专注于工作，别人对他也不是很了解，觉得他属于沉默寡言的一类人。这样一个人自然也不喜欢外漏隐私，不想让别人知道太多自己的事情，用他的话说："像把自己脱光了站在大街上给人看。"

经过这事，他们夫妇再也没有和陆路来往过，见了面都装作没看见。

可见，调侃时如果说出了他人的隐私，有时即使言者无意，但听者却有心。他会认为你是有意跟他过不去，从此对你恨之入骨。他做的事别有用心，极力掩饰不使人知，如果被你知道了，必然对你不利。如果你与对方非常熟悉，绝对不能向他保证你绝不泄密，那将会自找麻烦。最好的办法是假装不知，若无其事。

遇到朋友谈论其自身或他人隐私的时候，若是迫于情境需要，如朋友的刻意诉苦等，你可以选择听，但最好不插言，一听而过。要知道，听完别人的隐私，把住口风是责任。大多数人把隐私看得很重，认为隐私承载了他众多不为人知的秘密，绝对不能被传开，成为人们茶余饭后的谈资。一旦他知道你说出了他的隐私，那么麻烦就大了。所以最好把别人的隐私锁在舌头上，严把口风。

当然，若不是迫于情境的需要，朋友谈论其自身或他人隐私的话题时，你最好装作什么也没听见，远远躲开。来说是非者，必是是非人。对于这样的人我们最好敬而远之。

不能说的秘密，一定要守口如瓶

众所周知，犹太人是最会保守秘密的，在他们之间也流传着许多守秘的箴言。例如，"有三个以上的人知道的消息就不能称之为秘密了""听到秘密很容易，但要保守秘密是很困难的"，等等。为了尊重他人的秘密，防止人们对秘密采取任何方式的查探，他们甚至把泄密看作违法行为。如果有人泄露了他人的秘密，就会受到世人的鄙视和指责。

对于直性子的人而言，有时候保守秘密是一件十分困难的事情。

陈凯是个直性子，说话做事很少三思而后行，为此得罪了不少人。一次和同事们聚餐，酒过三巡，大家开始畅所欲言。或者倾诉生活和工作中的不如意，或者畅想美好的未来，或者吐槽同事、上司的糗事。

"你们还记得人事部的小余吗，上次招聘会上，有一个特别漂亮的妹子来应聘前台，各种条件都符合，谁知她居然把人家给淘汰掉了。"

"很明显是羡慕嫉妒恨嘛！"

看大家说得热闹，陈凯也张嘴就说："这算什么，市场部的小赵才狠呢！为了拿下订单，不但挖同事的墙脚，还约客户私下见面，真是无所不用其极啊！"说完他便哈哈大笑起来。

可是其他同事却笑不出来，因为他们看着一脸铁青的小赵，十分尴尬。

"陈凯，我把你当朋友才告诉你这些事，你就是这么给我保守秘密的？"说完，小赵愤然离席。

看着小赵的背影和大家的惊愕，陈凯打了自己一个耳光，恨不得找个地缝钻进去。他和小赵的交情就此完结不说，其他同事也不再信任他了，谁也不敢和他深交了。

故事中直性子的陈凯没有管住自己的嘴，当着众人的面说出了小赵的秘密，不但伤害了双方的友谊，也让自己的信誉扫地。对某些人，特别是直性子的人而言，为他人保守秘密非常困难，而终身为他人保守秘密更是难上加难。

当一个人把秘密保留在心中，那么他便是秘密的主人，而一且他将秘密告知他人，就会变成秘密的奴隶，受道德的谴责。当人们得知他人的秘密时，总会通过各种途径将之泄露出去。例如，与他人争吵时、饮酒后、与好友聊天时，等等。

在日常生活中，当一个人掌握许多秘密时，总能引起周围人的注意，因为大众总是乐于探知他人秘密，也会想方设法让秘密的持有者将其泄露出来，以此来满足大家的好奇心。一些直性子的人认为这是人之常情，其实，这是对他人的不尊重，也是对自己的不负责任。所以无论我们掌握何种秘密，都要努力保守，这既是对他人的尊重，也能让自己得到更多人的信任。

保守秘密也是试探一个人是否值得信任的试金石。

很多直性子的人认为，始终把秘密藏于内心，就会给自己带来很大的心理压力和痛苦。其实，只要慢慢忘掉秘密的存在，我们就不会感到痛苦。

保守秘密也是有技巧的。

美国第32任总统罗斯福曾在海军就职，当时美国海军打算在加勒比海一带建立一个潜艇基地。一位深交的好友向罗斯福打探消息，罗斯福环顾四周，十分谨慎。这位朋友以为罗斯福会把这个秘密告诉自己，连忙把耳朵凑上前去。

罗斯福轻声问道："你能为我保守秘密吗？"

这位朋友爽快地说："当然能，我一定会守口如瓶的！"

罗斯福听后笑道："我和你一样，也会守口如瓶。"

朋友一听，无奈地笑了笑。

其实，有时候我们不是不会保守秘密，只是难以招架他人在各种场合对秘密的探听。当他人运用各种方法探听秘密时，我们一句简单的"无可奉告"是难以满足对方的好奇心的，而且还会让对方产生被拒于千里之外的不悦感。因此我们要因人、因场合的不同，采取灵活的拒绝方式，努力保守秘密。

有一位年轻人去某大型企业应聘，求职者很多，竞争十分激烈。面试结束后，他和很多人顺利进入了笔试环节。

笔试的题目并不难，他飞快地写着，但写到最后一个题目时却停下了手中的笔。题目的内容是："请写下您之前所任职公司的商业秘密，多写多得分。"

他看看其他的竞争者，此刻都在奋笔疾书，安静的考场内回响着"唰唰"的写字声。他左思右想，怎么也下不了笔。经过一番激烈的思想斗争后，他在最后一题的空白处写道："对不起，我不能回答这道题，我必须为以前的公司保守秘密。"然后收拾好自己的物品离开了考场。

他本以为这次机会会与自己失之交臂了，但意外的是，第二天他就收到了录用通知。新企业人事经理对他说："懂得保守公司的商业秘密，说明你是一个有着良好职业道德的人，我们公司需要像你这样的好员工。"

故事中的年轻人很直率地拒绝了应聘企业的不合理要求,他的这种表现,不但没有让对方感到不满,而且还受到了夸赞。可见,懂得保守秘密的人更能赢得他人的信任和尊重,也会受到重用。坊间有句话说:"世上最难的三件事:一是不浪费时间,二是保守秘密,三是忘记别人对你的伤害。"可见保守秘密是对人性的一个很大的考验。

说出来的永远少于需要说的

不知道你是否有这样的感触:当你想用言辞来给人们留下深刻印象的时候,你说得越多,在别人眼里就越是平淡无奇,你所能控制的也就越少。

这是因为,**你说得越多,说出愚蠢的话的可能性也就越大**。很多时候,如果你能把话说得隐晦一点,神秘一点,多给人留一点遐想,那么即使你是老调重弹,别人也会觉得你的见解独到。正如那些有威严的人,总是说得很少,他们给人的印象却很深刻,而且总是能威慑到别人。

提起"刘罗锅"刘墉,人们脑海里立刻出现了一个聪明机智、正直勇敢、不失几分幽默的人物形象。他凭着正直和聪明周旋于危机重重的封建官场。但很少有人知道,刘墉也曾遭遇重大挫折,受到乾隆皇帝的申斥,本该获授的大学士一职也旁落他人。究其原因，不过是刘墉守口不密，说话不周。一次乾隆谈到一位老臣去留的问题，说若老臣要求退休回籍，乾隆也不忍心不答应。刘墉便将这话泄露给了老臣，而老臣真的面圣请辞。乾隆大为恼火，认为这是刘墉觊觎补授大学士的明证，是"谋官"的明证，因而将他训斥一通，同时也将大学士一职改授他人。

足见言语谨慎对于一个人立身、处世具有很重要的意义。处世戒多言，多言必失。与世人相处切忌多说话，说话太多必然有失误。说话犯了随便胡扯的毛病，就会让人听起来荒诞不经；说话犯了烦琐啰嗦的毛病，就会使人感到听的话支离破碎，不得要领。说话不小心会招致祸患，行动不谨慎会招来侮辱，君子处世应当谨慎。

武则天《臣轨·慎密》中有言：嘴巴好比一道关卡，舌头好比射箭的弩机。一句不妥，驷马难追。嘴巴和舌头犹如一柄双刃剑，一句话说得不恰当，就会反过来伤害到自己。因为话虽然是自己说的，别人既然听到了，你就无法阻止别人去传播，由此所带来的影响你根本没办法控制。刘墉由于说话不慎，而将到手的大学士一职丢了，就是最好的明证。

"言多语失"，说话应谨慎，舍弃那些不可说的话，即使是可以说的话也应该按需要的程度，能省则省。要知道，虽然有时你说话并无恶意，但对听者而言，却可能伤及他的自尊心。

诸多事实证明，话说得得体，会让人高兴；反之，只会让人伤心。就是同样意思的话，出自两个不同身份的人，听起来也有区别。你自己信口开河，根本意识不到会伤害人，但别人却认为你是有意的，如俗话所说"口乃心之门"，你明显是故意伤害他。很多不爱多说话的人，他内心并不是糊涂得无话可说，而是他明白话说多了鲜有不败事的道理。

在日常生活中，一个人如果光说不做，久而久之，只会让人生厌。多说话比起多做事往往给人以夸夸其谈的印象，倒不如少说话，踏踏实实地多做实事让人感觉勤奋踏实，值得信任。一个人只有做行动上的巨人，少言多思，才能有所成就。

司马迁作为伟大的历史学家，他在《史记》中对汉代名将李广有一段深刻的评价，大意如下：《论语》上说过位居于上的人行为端正，不发命令，下属也会效法他的行为去做；位居于上的人行为不端正，即使下了命令，也不会有人遵照去做。这说的就是李广将军这类人。我见过李广将军，他诚信忠厚，简单得像个乡下人，不善于谈吐。可是当他去世的时候，天下无论是认识或不认识他的人，都因为他的死而哀痛不已。这是他忠诚笃实的品质取得了人们对他的依赖的缘故。

掌握火候，说笑间得"笑果"

　　玩笑是生活的调味品。开玩笑可以减轻疲劳，调节气氛，缩短朋友和同事之间的距离。彼此之间产生矛盾时，一句玩笑话可以化干戈为玉帛，消除积怨。开玩笑也可以用作善意的批评或拒绝某人的要求。

　　然而，开玩笑要把握尺度，掌握分寸。玩笑开得过火会给人一种被耍弄的感觉，弄不好会加深或引发与他人的矛盾，导致谈笑后只能吃"苦果"。因此，必须随时记住开玩笑会有伤人的危险，不能踏错一步，以免一步走错全盘皆输，得不偿失。

　　一天，几个同事在办公室聊天，其中有一位胡小姐配了一副眼镜，于是拿出来让大家看看她戴眼镜好不好看。大家不愿扫她的兴，都说很不错。这件事使老常想起一个笑话，便立刻说出来："有一个老小姐走进皮鞋店，试穿了好几双鞋子。当鞋店老板蹲下来替她量脚的尺寸时，这位老小姐——我们要知道她是近视眼，一看到店老板光秃秃的头，以为是她自己的膝盖露出来了，连忙用裙子将它盖住。那瞬间，她听到一声闷叫：'浑蛋！'店老板叫道，'保险丝又断了！'"

　　同事们听后一片哄笑，孰料事后胡小姐竟从未戴过眼镜，而且碰到老常也不和他打一声招呼。

　　胡小姐和老常之间发生如此大的变化，其中的原因不难明白。说者无心,听者有意,对老常来说他不过是说起一则近视眼的笑话,然而,胡小姐则想的却是:"你取笑我戴眼镜不要紧,还影射我是个老小姐。我老吗?我才26岁!"

所以,说笑话要先看看对象是谁,先想想会不会引起别人的误会。开玩笑之前,先要注意你所选择的对象是否能承受得起你的玩笑。

一般来说,对象可分为三种:第一种,狡黠聪明;第二种,敦厚诚实;第三种,介于上面两者之间。对第一种人开玩笑,他是不会让你占便宜的,结果是旗鼓相当,不分高下;第二种敦厚诚实者,喜欢和大家一起笑,任你如何取笑他,他脾气绝好,不致动怒。对这两种人,你可以先看看对方当时的心情,是否可以开玩笑;对于第三种人,则要十分小心。这种人一般也爱和别人笑在一起,但一经别人取笑,既无立刻还击的聪明机智,又无接纳别人玩笑的度量,如果是男的则恼羞成怒、反目不悦,如果是女的就独自痛哭一场,说是受人欺侮。

具体来讲,开玩笑需要把握的分寸主要包括以下几个方面:

第一,和长辈、晚辈开玩笑忌轻佻放肆,特别忌谈男女情事。

几辈同堂时的玩笑要高雅、幽默、解颐助兴、乐在其中。在这种场合,忌谈男女风流韵事。当同辈人开这方面玩笑,自己以长辈或晚辈身份在场时,最好不要掺言,只若无其事地旁听就是。

第二，和非血缘关系的异性相处时忌开玩笑（夫妻自然除外），否则容易引起对方反感，或者会引起旁人的猜测非议。

注意保持适当的距离。当然，也不能太拘谨。

第三，和残障人士开玩笑，注意避讳。

第四，朋友陪客时，忌和朋友开玩笑。

宾主已有共同的话题，已经形成和谐融洽的气氛时，如果你突然介入与之开玩笑，转移朋友的注意力，打断话题，朋友会认为你扫他面子。

此外，开玩笑的时候，如果你说了伤人的话，一定要诚心诚意道歉，不能就此放任不管。

别拿滑稽当幽默，小心惹人更害己

研究表明，在言谈中运用幽默是有益处的。大部分人喜欢具有幽默感的说话者，也许他们不会将你的话视为真理，但是他们会更乐意接受你所传达的信息。

社会学研究表明：人们对于融入笑话或者逸事中的信息的记忆时间要长于对于纯粹信息的记忆时间。许多演说家追求的理想境界是将观点融入一个笑话，当听众记住这个笑话并将它讲给别人听时，他们会很自然地记住其中的观点。

无论你是初次登台的演说者,还是经常喜欢与人调侃的人,你都应当试着培养自己像演说家那样带着幽默感去交流。都应努力把幽默融入你的言语中,这样会更加引起别人的兴趣。

遗憾的是,很多人把滑稽与幽默混为一谈,而实质上两者是大不相同的。**滑稽是一些有趣的笑话或动作等,而幽默是一种更高层次的智慧积淀**。那些从小成长并工作在马戏团、喜剧俱乐部的人具有滑稽的天赋。但是我们都知道,一个具有幽默感的人甚至可能不会讲笑话。他不会使你开怀大笑,但是能让你感到气氛很友好,从而博得你内心的欢笑。这恰好是你在演讲中应努力达到的境界。你要学会在演讲中运用幽默感,而不是用笑话展现自己滑稽的一面。

你听说过哪一个健谈者以一个毫无意义的笑话开始他的演讲的?如果某个演讲者在演讲的一开始讲了一个毫无意义、毫不相关的笑话,听众会有什么反应呢?可能这个笑话很滑稽,会博得你开怀一笑,可事实上,这个笑话也只是分散一下你的注意力罢了。因为它对交流毫无实质性的帮助,只是在浪费时间。

无聊的滑稽之谈,还可能造成另一种糟糕的情况,就是听者对说者讲的笑话没有反应,这被称作笑话的炸弹效应。听者明白说者的意图是在试图展现滑稽的一面,但是没有丝毫的回应,这时说者会在一片寂静中感到很紧张,听者自己也会感受到现场那种紧张的气氛。在这种情况下,说者就陷入笑话炸弹效应的尴尬境地中,而且很难摆脱。

在语言交流中,幽默是一种十分微妙的事。一个故事有趣味,很少是因为故事本身,它之所以有趣,完全得看讲故事的人是怎样讲的。100个人讲同一个幽默的故事,有99个人是要失败的。如果你确知你是一个具有幽默天赋的人,你就应该努力培养你的这份天赋,它会使你无论到什么地方,都倍受欢迎。但是,如果你的天赋不在这,却硬要去学幽默,那就只能是"东施效颦",愚不可及了。

正如聪明的演说家,从不会为了单纯的幽默而讲一则故事。幽默犹如糕饼上的糖霜,而不是饼本身。例如,美国的幽默演说家利兰替自己定了一个戒条,在开始演说后的3分钟内,绝不讲述故事,这个戒条也值得我们效仿。

还要强调的是,使用伤害性的幽默也属于假幽默。有的人为了表现幽默,不惜使用一些令人反感的言辞,以牺牲感情为代价,结果只会适得其反。幽默本来应该是演讲者与听众之间的桥梁,然而在此却变成了一种伤害,这不能算作真正的幽默。

同时,**语言交流应该尽量避免有关性别和种族的笑话,这是一个基本常识**。因为能够起控制作用的不是说者的想法,而是听者的感受。

在交流开始时,不妨先引用几句名演说家说过的话,或是谈一些涉及当时的事情使大家发笑或是故意夸大地批评一些矛盾的事。这样的幽默,比引用引人发笑的故事有更多的成功机会。

引人发笑的最简便的方法,是讲一些关于你本人的可笑的事件。把自己说得十分可笑,而又装得好像有些发窘,那么在听者的心里,恰如见到一个人被果皮滑了一跤,或一个人正在拼命追赶他那被风吹去的帽子一般,觉得十分好笑。但是,你万万不可拿无聊或伤人的滑稽当幽默。

裹层"糖衣",批评奏效不伤人

为人父母的都知道,小孩很怕苦,所以吃药片的时候,加点儿糖水一起送入孩子口中,他们便会愿意服用。

与之类似,我们在批评别人时,直话直说很容易激起对方的愤恨。如果我们给自己的批评语言裹上一层"糖衣",那么,对方就会在享受甜蜜的同时欣然接受批评。

战国时期,晏婴是齐国一位善谏的大臣。齐景公的一匹心爱的马突然死去,齐景公非常伤心,一定要杀掉马夫以解心头之恨。众位大臣一起劝阻齐景公不可为一匹马而滥动刑罚,而齐景公却已铁了心,众人的劝告一概充耳不闻。

这时,晏婴走了出来,众臣都以为晏婴也有劝诫齐景公的意思,可谁也没有料到,晏婴却说:"这个可恶的马夫,该杀!"

齐景公十分高兴,就把那个冤屈的马夫喊来,让他听晏婴解释他的罪过。

晏婴历数马夫的三大罪状:"你不认真饲马,让马突然死去,这是第一条死罪;你让马突然死去,又惹恼国君,使国君不得不处死你,这是第二条死罪。"

听晏婴痛斥马夫的前两条死罪,齐景公心中真是乐滋滋的。可晏婴话锋一转,说出了马夫的第三条罪状中的前半段时:"你触怒国君因一匹马杀死你,使天下人知道我们的国君爱马胜过爱人。天下人都会看不起我们的国君,这更是死罪中的死罪,罪不可赦!"

听晏婴诉说马夫的第三条罪状中的前半段时,齐景公开始还连连点头咧着嘴笑。当晏婴说到"使天下人知道我们的国君爱马胜过爱人"时,他张开的嘴却定在那里,脸上一阵红一阵白。晏婴又吆喝一声:"来人,按大王的意思推出去斩了!"这时齐景公如梦初醒,赶紧对晏婴说道:"相国息怒,寡人知错了。"

晏婴没有正面批评齐景公,却达到了劝谏救人的目的。可见,"裹着糖衣"的委婉批评会取得很好的效果。在这样的场合,一方面,该说的话不能不说,根本利益不能牺牲,原则不可放弃;但另一方面,关系又不可弄僵,彼此的面子与和气不能伤害。所以,这就需要首先承认对方的实力、地位、权威,甚至他的主张,然后突然插入你的话锋,你的话虽委婉动听,但实际上却是对对手彻底的否定。

晏婴死了17年后，齐景公有一次请大臣们喝酒。齐景公射箭射到了靶子外面，满屋子的人却众口一词地称赞他。齐景公听后变了脸色，并叹了口气，把弓丢在一旁。

这时，弦章进来了。齐景公说："弦章，自从寡人失去晏婴到现在已经有17年了，从来没有听到别人对寡人过失的批评。今天寡人射箭射到了靶子外，他们却众口一词赞美寡人。"

弦章说："这是那些大臣不好。他们本身素质不高，所以看不到国君哪些地方不好；他们勇气不够，所以不敢冒犯国君的尊严。但是，您应该注意一点，我听说：'国君喜欢的衣服，那么大臣就会拿来为国君穿上；国君喜欢的食物，大臣就会送给国君吃。'像尺蠖这种虫子，吃了黄颜色的东西，它的身体就要变黄；吃了绿颜色的东西，它的身体就要变绿。作为国君，大概总会有人说奉承话吧！"

弦章的话在齐景公听来颇有道理，他明白了奉承者不过是投自己所好，如果自己对奉承话深恶痛绝，就很少会有人来自讨苦吃了。弦章虽未直接批评齐景公喜欢听奉承话才造成如此局面，但通过以尺蠖为喻，以正常推理"作为国君，大概总会有人说奉承话吧"为宽慰，使齐景公深刻领悟到了这一点。事实上，若弦章再画蛇添足地批评齐景公一番，效果反而不好。

所以说，批评他人之时，如果语气委婉，被批评者就会容易接受。因为对方认为你的委婉是给了自己"面子"，感激之余，就会积极地改正。反之，如果批评者语气生硬，对方就会认为你伤了他的"自尊"而心生反感，这样就不会达到批评、教育人的目的了。

巧用暗示，拒绝也不得罪人

众所周知，"不"字是很难说出口的，但很多时候我们不得不去拒绝别人。许多人都苦于找不到合适的办法，其实通过暗示来说"不"是一种不错的选择。这种暗示，既可以是语言的暗示，也可以是身体动作的暗示。

美国出版家赫斯脱在旧金山办第一张报纸时，著名漫画大师纳斯特为该报创作了一幅漫画，内容是唤起公众来迫使电车公司在电车前面装上保险栏杆，防止意外伤人。然而，纳斯特的这幅漫画完全是失败之作。发表这幅漫画，将有损报纸质量。但不刊登这幅画，怎么向纳斯特交代呢？

当天晚上，赫斯脱邀请纳斯特共进晚餐，先对这幅漫画大加赞赏，然后一边喝酒，一边唠叨不休地自言自语："唉，这里的电车已经伤了好多孩子，多可怜的孩子啊，这些电车、这些司机简直不像话……这些司机真像魔鬼，瞪着大眼睛，专门搜索着在街上玩的孩子，一见到孩子就不顾一切地冲上去……"听到这里，纳斯特从座椅上弹跳起来，大声喊道："我的上帝，赫斯脱先生，这才是一幅出色的漫画！我原来寄给你的那幅漫画，请扔入纸篓吧。"

故事中，聪明的赫斯脱通过自言自语的方式暗示纳斯特的漫画不能发表，让纳斯特欣然地接受了意见。

通过身体动作也可以把自己拒绝的意图传递给对方。当一个人想拒绝与对方继续交谈时，可以做一些如转动脖子、用手帕擦拭眼镜、按太阳穴及按眉毛下部穴位等漫不经心的小动作。这些动作意味着一种信号：我较为疲劳、身体不适，希望早一点儿停止谈话。微笑的中断、较长时间的沉默、目光旁视等也可表示对谈话不感兴趣、内心为难等心理。

某天，为了配合下午的访问行程，小王想把甲公司的访问在中午以前结束，然后依计划，下午第一个目标要到乙公司拜访。但是，甲公司的科长提出了邀请："你看到中午了，一起吃中饭吧？"小王与甲公司这位科长平常交情不错，又是非常重要的客户，不能轻易拒绝。但是，和这位爱聊天的科长一起吃中饭，最快也要磨蹭到下午1点才能走。小王怎样才能不伤和气地拒绝呢？

答案是在甲公司科长表示"一起吃中饭"之前，小王就不经意地用身体语言表示出匆忙的样子，如说话语速加快或自然地看看表等。

使用动作暗示的拒绝方式时，要记住：暗示的时候不要提早露出坐立不安的神情，免得让人怀疑你合作的诚心。

毫不夸张地说，在现实生活中，你若想人际关系顺畅，一定要学会一套巧妙的暗示拒绝法，在短时间内表达出"不"的意思，把正事办妥，并且做到不伤和气。

实话要巧说，坏话要好说

人与人之间交流，语言是最主要的手段。虽然说起话来仅用一张嘴，但由于言谈中要对他人的面子、自尊等有所顾忌，或某些事情需要保密等，实话实说往往会令人尴尬、伤人自尊。

这就要求我们言谈不仅要动嘴，而且要动脑。实话是要说的，却应该巧说。那么，该如何巧妙地去表达呢？如何才能说得既让人听了顺耳，又欣然接受呢？

这里，为大家介绍几点有效的方式：

1. 抓住对方心理

运用激将的方法，可以达到自己真正的目的。

一位穿着华贵的妇女走进时装店，对一套时装很感兴趣，但觉得价格昂贵，犹豫不决。这时一位营业员走过来对她说："××女部长刚才也看好了这套时装，和您一样也觉得这件时装有点儿贵，刚刚才离开。"听营业员这么讲后，这位夫人当即买下了这套时装。

这位营业员能让这位夫人买下时装，是因为她很巧妙地抓住了这位夫人"自己所见与部长略同"和"部长嫌贵没买，自己要与部长攀比"的心理，用激将的方法进而巧妙地达到了让夫人买下时装的目的。

2. 藏而不露巧表达

运用多义词委婉曲折地表明自己要说的大实话。

林肯当总统期间，有人向他引荐某人为阁员，因为林肯早就了解到该人品行不好，所以一直没有同意。一次，朋友生气地问他，怎么还不同意。林肯说："我不喜欢他那副'长相'。"朋友一惊道："什么！那你也未免太严厉了，长相是父母给的，也怨不得他呀！"林肯说："不，一个人超过40岁就应该对他的长相负责了。"朋友当即听出了林肯的话中话，再也没有说什么。

很显然，这里林肯所说的"长相"和他朋友所说的"长相"，根本不是一回事。林肯巧妙地利用词语的歧义性，道出了"这个人品行不好，我不同意他做阁员"这句实话，既维护了朋友的面子,又达到了自己的目的。

3. 由此及彼肚里明

两个人的意见发生了分歧,如果实话实说直接反驳就有可能伤了和气,影响团结。这个时候就需要我们换种方法,避免一些麻烦。有这样一个例子:

主管生产的副厂长老马左手指受了伤被送往医院治疗,厂长老丁来病房看望时,谈到车间小吴和小齐两个年轻人技术水平较强,但组织纪律观念较差,想让他们下岗一事。老马当时没有表态,只是突然捧着手"哎哟哎哟"大叫。丁厂长忙问:"疼了吧?"老马说:"可不是,实在太疼了,干脆把手锯掉算了。"老丁一听忙说:"老马,你是不是疼糊涂了,怎么手指受了伤就想把手给锯掉呢?"老马说:"你说得很有道理。有时候,我们看问题,往往因注重了一方面而忽视了另一方面啊。老丁,我这手受了伤需要治疗,那小吴和小齐……"老丁一下子听出老马的"弦外之音",忙说:"老马,谢谢你开导我,小吴和小齐的事我知道该怎么处理了。"

老马用手有病需要治疗类比人有缺点需要改正,进而巧妙地把用人和治病结合起来,既没因为直接反对老丁伤了和气,又维护了团结,成功地解决了问题,实在是高!

总之,无论是想说好话还是想说坏话,语言表达产生的效果往往比你最初要表达的想法更重要，只有把话说得让对方乐于接受，你的表达才算有正面意义。

有时候，沉默真的是金

直性子的人除了心直外，还有个特点，就是口快。事实上，并非所有的话都要说出口，沉默有的时候真的是金。

每逢周末，李茜、王冰、张娜等几个好朋友就会找个咖啡厅或者餐厅聚聚。席间几个女孩子会聊起各自的男朋友。这次一向活泼开朗的李茜却一反常态不怎么说话。大家看着她的样子就觉得可能发生了什么事。张娜看李茜不说话，疑惑地问："你怎么了，今天一直不说话？"

"没事。"李茜搅了搅眼前的咖啡，虽然嘴角有笑容，但是却掩饰不住牵强。

"哎呀，到底怎么了？说出来我们也能帮帮你啊。"张娜还是"不依不饶"地追问。

在张娜的追问和大家关切的目光下，李茜尽管不情愿，但还是淡淡地说了句："我和我男朋友分手了。"

"啊……"大家的反应并没有非常吃惊。因为所有人早就清楚，李茜的男朋友是个"渣男"。

"哎呀,我早就知道,他就不是什么好人!"张娜突然开口,并旁若无人地说了起来。"他人品不好,也没什么出息。就那天,我还看见他和一个女的在一起呢……"

张娜越说越来劲,丝毫没有看到旁边王冰她们对她"挤眉弄眼",也没有看到李茜已经变冷的脸。

"……所以你啊,跟他分开是幸运的,有什么好伤心的!我这人就是心直口快,你也知道!赶明儿啊,给你介绍一个更好的!"张娜大包大揽的样子让李茜非常生气。

"你自己留着吧!"李茜说着就拿着包独自走了。

"她这是什么意思!"张娜很不能理解。"我藏不住话,都是为她好嘛……"

看着大家尴尬的样子,张娜不知道自己哪里做错了。

故事中的张娜认为自己心直口快,在朋友面对失恋的打击时,还坚持这样行事,没有顾及朋友的情绪。即使别人对她"挤眉弄眼"地提醒,她也视而不见。最后的结果只能是让每个人都非常尴尬,还影响了朋友之间的感情。

"有什么说什么",被大多数人认为这是一种优秀的品质,也被当作坦诚、直率的标志。于是,有的人打着"直性子"的旗号,肆无忌惮地"伤害"着别人,但是自己却不自知。就像上述故事中的张娜一样,以为自己是一片好心。这些直性子往往还有一个"撒手锏":**"我是为了你好!"**或**"我是直性子,有一说一,**

你不要介意啊！"但是如果留意看对方的脸色，那么很容易就能确定对方是不是"不会介意"了。

直性子的人也要知道，有时候沉默真的是金。语言是表达情绪和内心的工具，但并不是任何时候都适合用语言来表达。安慰朋友，有时候无言的陪伴就是最好的方式，长篇大论的鸡汤或许并不适合对方此刻的心情。当朋友遭遇失恋的打击，听着他声泪俱下的控诉，或者讲述自己悲戚的故事时，也许义愤填膺并不是最好的安慰，无声的陪伴才是最有力量的支持，同时，还会将自己的温暖传递给对方。

每个人都有倾诉的欲望和需求，相应地也就要求每个人都能拥有倾听的能力。沉默不是漠不关心地冷眼相对，而是用心倾听和体会，有感同身受的关怀和理解。沉默也可以是一种陪伴，更是一种"此时无声胜有声"的力量。用沉默的倾听给对方一个倾诉的机会，让对方感受到被理解、被尊重、被陪伴。

夜深了，杨嘉的电话却突然响起，是一个陌生的号码。她刚接通就听到对方声泪俱下地说道："我现在觉得特别累，每天特别烦躁，但是得不到家人的理解，丈夫不体贴，孩子也不听话、不争气！经常加班到深夜，我真的已经很累很累了！可是我不知道这样的生活还要持续多久，我真的不知道……"

杨嘉拿着电话，听到她抽泣的声音，本来还想问一声发生了什么事，但是片刻后，杨嘉决定一句话都不说，用沉默来回答她。她猜想对方应该是精神压力实在太大，才会选择用这样一种方式向陌生人倾诉。她觉得，此刻只有沉默才能让对方彻底释放，也是自己能给予对方最好的帮助。

"……好了，谢谢您，非常抱歉这么晚还打扰您。您真是个善良的人，我非常感谢您。虽然我们素未谋面，但是我非常感谢您，我现在觉得自己好多了。再一次表达我的歉意和感谢！再见！"

对方就这样挂了电话。听着她的语气，杨嘉感觉到她内心的压力已经释放了很多。杨嘉也长长地松了一口气。

故事中的杨嘉在对方倾诉时一直沉默不语，但却很好地舒缓了对方的压力，并起到了较好的效果。在对方的倾诉和哭泣中，如果杨嘉开口询问原因，或者毫不留情地责怪对方，就会令原本已经快要崩溃的她更加困窘。只有沉默，才是此时最好的方式。让彼此没有压力、没有尴尬，并最大可能地让对方感受到理解和体谅，这时候沉默真的是金。

第三章

别让不好意思害了你

原则问题不能让步

人际交往中的矛盾如果以平等互利的方式来解决都是可以化解的。但是,如果矛盾涉及了原则性问题,那么就必须站稳脚跟,寸步不让。聪明人懂得如果原则的问题也要让步就等于失去了做人的方向。

人们所说的原则性问题主要有两种:**一是尊严;二是应得的利益**。尊严是精神上的原则性问题,一个人格健全的正常人是不能允许别人轻易冒犯自己的,尊严受到损害有时比物质利益的损失更能让人感到痛苦和难以忍受。一个人的素养越高越看重自己的人格与尊严,所谓"士可杀,不可辱",正是这个意思。

我们说在尊严问题上必须寸步不让,但在很多情况下是自己的尊严已被人严重地侵犯了,却还不知如何申辩,结果只能白白地受气。其实,别人侮辱我们的人格,并不就意味着他的人格有多高尚,如果我们能够了解对方,稍稍使用一点儿"心机",以其人之道还治其人之身,往往可以收到良好的效果,从而为自己讨回尊严。

在某大城市的一户人家里,有一位乡下来的小保姆,由于人情实在,干活又利索,给女主人留下的印象颇佳。但是,生性狐疑的女主人还是担心这位乡下姑娘"手脚不干净",于是在试用期的最后几天想出个办法要试一试她。

一天早晨,小保姆起床要去做饭,在房门口捡到1元钱,她想肯定是女主人掉下的,就随手放在了客厅的茶几上。谁知第二天早晨,小保姆又在房门口捡到了一张5元的钞票,这让她感到很奇怪。"莫非是在试探我?"小保姆产生了这样的疑问。但她很快打消了这个念头,因为女主人是体面人,怎么会做出这样侮辱人的事情呢?这样想着,她就把钱又放到了茶几上,但心里面还是留了个心眼儿。

到了晚上,小保姆从卧室的窗户窥看客厅中的动静。正当她困意袭来,准备放弃这一念头时,女主人竟真的悄悄到茶几前取钱来了。小保姆彻底惊呆了,怒火冲上了她的心头:怎么可以这样小看人!她咬了咬嘴唇,下定决心找回尊严。

次日早晨,小保姆又在房门口发现了一张钞票,这次是10元钱。她笑了笑,把钱装进了自己的口袋。到了傍晚,她在女主人下楼去跳广场舞之前把这10元钱悄悄地放在了楼梯上,准备也测试女主人一番。果然不出小保姆所料,女主人之所以怀疑别人"手脚不干净",是因为她自己正是一个自私而贪心的人,她在下楼时看见了那10元钱,当时就眼睛一亮,然后趁着左右没人把钱塞在了口袋。这一幕,全都被暗中偷窥的小保姆看在眼中。

当晚，女主人找到了小保姆，严肃而又婉转地批评她为人还不够诚实，如果能痛改前非，还是可以留用的。小保姆故作懵懂地问："你是不是说我捡了10元钱？"

"是呀！难道你不觉得自己有错吗？"

小保姆摇了摇头："不，我不认为我做错了什么，因为我已经将那10元钱还给您了。"

女主人一脸诧异："咦，你何时何地还我钱了？"

小保姆大声回答："今天傍晚，楼梯上……"

女主人一听到"楼梯"两个字，顿时像触了电一样浑身一颤，尴尬得一句话也说不出来……

聪明的小保姆为自己找回了面子。

用努力拼搏争得面子

人都有一张脸，然而，却不是人人都有面子。

卑躬屈膝，狐假虎威得来的，是虚假的面子；打肿脸充胖子，是可笑的面子；挥金如土买来的，是扭曲的面子；孤芳自赏，脱离群众，也没有面子可言。实际上，别人给的不过是你赢得的肯定与喝彩，真正的面子是自己对自己的尊敬，只能靠自己的努力拼搏挣来。

2004年8月28日雅典时间22：29，当4号位张越红扣球落地的时候，雅典和平友谊体育馆内的"火山"终于喷发了。每位中国啦啦队队员的眼睛里都流出了激动的泪水。

这场历时159分钟的女排金牌争夺战把每一位现场的观众从空中拽到地上，又从地上抛向空中，然后再回到地上，又再被带回到空中。这场激烈的大战让每个人都亲身体会了一把什么叫跌宕起伏。

中国女排连扳三局，绝地反击，最终击败强劲的俄罗斯队，获得了最后的胜利，并继2003年世界杯后又一次登上世界大赛的冠军领奖台。然而，意义更加不同的是，这是中国女排相隔20年后夺得的第2个奥运冠军。

中国女排取得胜利，震惊全世界。女排姑娘们用她们永不言败的信念和拼搏精神，不仅为自己赢得了对手的尊敬，同时也为我们的国家赢得了应有的尊严。

可见，赢得尊严和面子是需要付出最大努力的。有一句话是这样说的："烙牛肉饼不会有损你的尊严。"也就是说，无论做大事还是小事，都要认真地去做，就会得到别人的尊重。

对于在应酬中的每一个人来讲，我们要记住面子不是跟别人要，别人就会给的，只有通过自己的努力，取得成绩才能赢得别人的敬佩，在社会上、职场中才会有面子。

正确对待荣誉，记得感谢与分享

有人在荣誉面前，有"吃独食"的习惯，也就是说，一个人把成果独吞，会引起他人的反感，从而为下一次合作带来障碍。由此，我们应懂得一点：成果是大家的，切莫"吃独食"。正确对待荣誉的方法是：感谢、分享、谦卑。

美国有家罗伯德家庭用品公司，8年来生产迅速发展，利润以每年18%～20%的速度增长。这是因为公司建立了利润分享制度，把每年所赚的利润按规定的比例分配给每一个员工，也就是说，公司赚得越多，员工也就分得越多。员工明白了"水涨船高"的道理，人人奋勇，个个争先，积极生产自不待说，还随时随地地挑剔产品的缺点与毛病，主动加以改进。

俗话说，有福同享，有难同当。当你在工作和事业上取得些成绩，小有成就时，当然是值得庆贺的。但要劳记，如果赢得的这一点成绩是集体的功劳，或者离不开他人的帮助，那你千万别把功劳据为己有，否则他人会觉得你好大喜功，抢占了他人的功劳。如果某项成绩的取得确实是你个人的努力，当然值得高兴，而且也会得到别人对你的祝贺，但你自己一定要明白，千万别高兴得过了头。一方面，可能会伤害有些人的自尊心；另一方面，如果你过分狂喜，能不逼得人家眼红吗？

列森先生很有能力,他是一家出版社的编辑,并担任下属的一个杂志的主编,平时在单位里与大家的关系都不错。有一次,他主编的杂志在评选中获了大奖,他感到十分荣耀,逢人便提自己的努力与成就,同事们当然也向他表示祝贺。但过了一段时间,他却失去了往日的笑容。他发现单位同事,包括他的上司和属下,似乎都在有意无意地和他过不去,并回避着他。

列森为什么会遇到这种结局?其实原因很简单,他犯了"独享荣誉"的错误。就事论事,这份杂志之所以能得奖,主编的贡献当然很大,但这也离不开其他人的努力,他们当然也应分享这份荣誉。他们不会认为某个人才是唯一的功臣,所以这位主编"独享荣誉",当然会引起别人的不满,尤其是他的上司。

所以,当你在工作上有特别表现而受到别人肯定时,千万要记住一点——别"吃独食",否则这份荣耀会给你的人际关系带来障碍。当你获得荣耀时,应该做到以下几点:

1. 与人分享

即使是口头上的感谢也算是与他人分享,而且你也可以让更多的人和你一起分享,多说几句感谢的话对你没什么不好。当然别人倒并不是非得要分你一杯羹,但你主动与人分享,这让旁人觉得自己受到尊重。如果你的荣耀事实上是众人协力完成的,那你更不应该忘记这一点。你可以采取多种与他人分享的方式,如请大家喝杯咖啡,或给大家带点儿特产。他人分享了你的荣耀后，就不会为难你了。

2. 感谢他人

要感谢同事的协助，不要认为都是自己一个人的功劳。尤其要感谢上司，感谢他的提拔、指导。如果事实正是这样，那么你本该如此感谢；如果同事的协助有限，上司也不值得恭维，你的感谢也就更为必要，可以使你避免成为他人的箭靶。为什么很多人上台领奖时，他们首先要讲的话就是："我很高兴！首先我要感谢……"感谢虽然缺乏实质意义，但听到的人心里都很愉快，也就不会妒忌你了。

3. 为人谦卑

有些人往往一旦获得荣耀，就容易忘乎所以，并从此自我膨胀。这种心情是可以理解的，但旁人就遭殃了，他们要忍受你的嚣张。因此有了荣耀时，要更加谦卑。

当你获得荣耀时，对他人要更加客气，荣耀越高，头越要低。另外，别总是说起你的荣耀，说得多了，就变成了一种自我吹嘘，既然别人已经知道你的功劳，那你又何必总是经常提起呢？

别独享荣耀，就是不要去威胁别人的生存空间，因为你的荣耀会让别人产生一种不安全感。而当你获得荣誉时，你去感谢他人、与人分享、为人谦卑，这正好让他人吃下了一颗"定心丸"。

因此，当你获得荣耀时，一定要记住以上几点。如果你习惯了独享荣耀，那么总有一天你会独吞苦果。

别为面子沉浸在别人的吹捧中

喜欢赞美是人的天性，但切不可因为面子而一味地沉沦其中。

在生活中，当我们被别人赞扬的时候，更要清醒，**因为爱，就会有偏袒；因为害怕，就会有不顾事实的讨好；因为有求于人，便会有虚夸。** 历史上，因为不能正确对待他人赞美而导致失败的例子不胜枚举，最令人扼腕叹息的恐怕就是王安石笔下的方仲永了。

金溪县有个叫方仲永的人，他家世世代代以种田为业。方仲永长到5岁时便能作诗，并且诗的文采和寓意都很精妙，值得玩味。县里的人对此感到很惊讶，慢慢地都把他的父亲高看一等，有的还拿钱给他们。他父亲认为这样有利可图，便每天拉着方仲永四处拜见县里有名望的人，表演作诗，却不让他抓紧学习。到最后，方仲永与众人无异。他的聪明才智最终被完全抹杀了。

和方仲永不同的是，世界上越是伟大的人物，越能够清楚地认识自己的成功，对待他人的赞美，往往表现出谦虚谨慎的态度，有的甚至还很反感别人赞扬他。英国首相丘吉尔就有这样一个例子。

在第二次世界大战中,丘吉尔对护卫英伦有卓越功勋。战后在他卸任时,英国国会拟通过提案,塑造一尊他的铜像置于公园中,让众人景仰。一般人享此殊荣时高兴还来不及,丘吉尔却一口回绝。他说:"多谢大家的好意,我怕鸟儿喜欢在我的铜像上拉屎,还是免了吧。"

伟大的人物、盖世的功勋只有靠人心才记得住啊。

牛顿,这位杰出的学者、现代科学的奠基人,发现了万有引力定律,建立了成为经典力学基础的牛顿运动定律,出版了《光学》一书,创制了反射望远镜,还是微积分学的创始人……功绩显赫,光彩照人,可当听到朋友们称他为"伟人"时,他却说:"不要那么说,我不知道世人会怎么看我。不过我自己只觉得好像一个孩子在海边玩耍的时候,偶尔拾到几只光亮的贝壳。但对于真正的知识大海,我还没有发现呢。"有这样谦逊好学、永不满足的精神,牛顿的成功是必然的。

古今成大事业、大学问者,正是因为有了能够正确对待他人赞扬的态度和谦逊好学的精神,才到达人生的光辉顶点的。

自欺欺人，只能作茧自缚

为了面子自欺欺人是不成熟的标志。更可悲的是，它会让我们活在痛苦之中。

王青一直认为自己很幸运，丈夫比自己小3岁，家庭背景体面，又在外资企业里做主管，风度翩翩。但实际上，她丈夫属于虚张声势、内心自卑的那种人，占有欲又极强。于是，便借一次又一次对妻子的欺凌、羞辱，来假装证明自己的权威与魄力。

在这桩婚姻里，男方不想承担什么责任，也害怕责任；可他又要耍家长威风，便使用武力对自己的妻子下手。

而更可悲的是，王青居然忍了近10年，她总以为丈夫还小，耍小孩子脾气，忍一些时日，他会浪子回头的。

这一切都只是王青的美好愿望而已，最终——化为泡影。这种人格不成熟的男人，谈恋爱时还表现不明显，但一旦做了丈夫和父亲后，就原形毕露。每次丈夫动手时，王青只是苦苦哀求，求丈夫别打她的脸，因为那会被别人看到，让她觉得丢人。

总以为哀兵政策会软化他冷酷的心，总以为他会长大，不再分裂成白天与夜晚截然不同的两种角色。但一年一年过去了，王青仍然没有等来那一天。

或许,爱神真的是个瞎子。他只负责给你冲动、感动、激动,他只诱发你幻想、变傻、变痴,然后只见树木、不见森林……他让当局者迷失方向,情不自禁,却又不自知、不觉醒,赔了青春之后才发现一切已晚了,只好忍着,以为太阳下山了,还有星星会缀补那颗受伤的心……

忠贞,但不要愚忠;放弃,但不要失去自我。幸福如同穿鞋,是否舒服,只有自己知道,不是做给人看的。有些幸福,对自己而言,是如此真实,但在外界看来,却不精彩;有些"体面"与"光荣",旁人是如此看好,但身陷其中的你,才能真正体会到各种无奈。

在婚姻生活中如此,在社会交往中也是如此,我们不能为了一时的面子而自欺欺人,那样只能打碎了门牙往肚里咽,最后受伤的还是我们自己。

走出虚荣的死胡同

要想在世上寻找一个毫无虚荣心的人,就和要寻找一个内心毫不隐藏错误的人一样困难。其实,虚荣不过是人们想借它来遮掩缺陷的心理罢了。

说起来,现实中你也许把非常多的时间用在了努力征得他人的同意上，或者说用在了担心他人不同意你做的那些事情上。如果他人的赞同或同意成了你生命中的"必需"，那么，你又多了一件要干的事。你可能开始时认为，我们都喜欢掌声、恭维和表扬。他人的赞同本身并没有害处，只有刻意去寻求他人的赞许，并把它当成一种必需而非一种渴望的时候才是一种误区，才成为一种爱慕虚荣的表现。

如果你渴望他人的赞许或同意，那么，一旦获得了他人的认可，你就会感到幸福、快乐。但是，如果你陷入这种无法摆脱的虚荣之中，一旦没有得到它，你就会感到身价暴跌。这时候，自暴自弃的因素就会潜入进来。同样，一旦征求他人的同意成了你的一种"必需"，那么，你就把你自己的决定权交给了外人。在爱慕虚荣心理的驱使下，为得到他人的认可，外人的任何主张你都必须听从，甚至在很小的事情上。如果他不同意，你就不敢轻举妄动。在这种情况下，虚荣心使你选择的是忍让。只有当他们给予你表扬时，你才会感觉良好。

这种征得他人同意的虚荣心极其有害，真正的麻烦随着事事必须请示他人而来。如果你有这样一颗虚荣心，那么，你的人生注定会有许多痛苦和挫折。而且，你会感到自己的自我形象是软弱无力的，是没有社会地位的。如果你想获得个人的幸福，你必须将这种征得他人同意的虚荣心从你的生命中根除掉。这种虚荣心是心理上的死胡同，你从中绝不可能得到任何好处。

虚荣是一种特性，是取攻势不是取守势的，所以虚荣的人，不但会拿利刃刺伤自己，还会把利刃掉转头去刺别的人。所以凡是虚荣的人，他们周围都是他们的仇敌，因此他享受不到生活上互助的快乐。

由于虚荣引发的竞争惨剧，是最不幸的事。人们因虚荣的竞争而送掉性命的惨例是举不胜举的，而虚荣的人能够永远维持他的虚荣的例子却屈指可数。凡虚荣的人，他总有一天，会和他的邻居、同事、老婆、儿女，甚至不知虚荣为何事的自然界发生冲突，最后一败涂地。虚荣虽然可以自欺欺人，但它欺骗不了自然。虚荣是对自然的一种侮辱，但自然是不容任何侮辱的。

虚荣就是爱面子的一个极端的体现，因此在人际活动中，我们不能只顾虚荣而去交往，那样就会得不偿失，也达不到我们的交往目的，还有可能引起大家的不满和鄙视。

不要把得失看得太重

在日常交际中我们会发现，只有那些要面子的人才会把得失看得很重。过度地爱面子让他们不懂得放弃，他们的心像钟摆一样在得失间摇摆。

汉代司马相如所著《谏猎书》有云："明者远见于未萌，而智者避危于未形。"卧薪尝胆的故事说的便是这一道理。

春秋时期，吴国军队把越国军队打得落花流水，越王勾践被迫放弃了王位和国家，忍辱负重，给吴王夫差当了奴仆。3年后，勾践被释放回国，他立志洗雪国耻、发愤图强，每天睡在草堆上，吃饭时尝尝苦胆的滋味，以不忘亡国之耻。公元前473年，勾践率领大军灭了吴国，做了春秋时期最后一个霸主。

在现实生活中，也需要有一种放弃的智慧。当你与人发生矛盾或冲突时，只要不涉及原则问题，你完全可以放弃争强好胜的心理，甚至甘拜下风，就可能化干戈为玉帛，避免两败俱伤。当你在家庭生活中发生摩擦时，放弃争执，保持缄默，就可以唤起对方的理智，使家庭保持和睦温馨。

世间事，有得就有失，得就是失，失就是得。所以一个人到最高的境界，应该是无得无失。可惜，人们通常都是患得患失、未得患得、既得患失。我们的心，就像钟摆一样，得失、得失，就这么摇摆，非常痛苦。塞翁失马，你怎晓得是福还是祸呢？所以，在得失之间，不要把它看得太重。

莫因怕出丑而失去尝试的机会

人们都希望自己是聪明的，都怕在众人面前出丑。这似乎是决然对立的两件事，聪明人绝不会出丑，出丑的人必然是笨蛋。

然而，实际生活并非如此。

　　最聪明的人有时简直如一个大傻瓜，他们不在乎当众出丑，即使出丑了却若无其事，他们被人嗤笑却自得其乐。然而，他们就这样走向了成功。

　　安娜读书时网球打得不好，所以老是害怕打输，不敢与人对垒，至今她的网球技术仍然很蹩脚。安娜有一个同班同学，她的网球比安娜打得还差，但她不怕被人打下场，越输越打，后来成了令人羡慕的网球手，成了大学网球代表队队员。

　　聪明是令人羡慕的，出丑总使人感到难堪。但是聪明是在无数次出丑中练就的，不敢出丑，就很难聪明起来。

　　那些勇敢地去干他想干的事的人是值得赞赏的，即使有时在众人面前出了丑，他们还是洒脱地说："哦，这没什么！"就是这么一类人，他们还没学会反手球和正手球，就勇敢地走上网球场；他们还没学会基本舞步，就走下舞池寻找舞伴；他们甚至没有学会屈膝或控制滑板，就站上了滑道。

　　伊米莉只会说一点法语，却毅然飞往法国去旅行。虽然人们告诫她：巴黎人对不会讲法语的人是很看不起的，但她坚持在展览馆、在咖啡店、在爱丽舍宫用法语与每个人交谈。不怕结结巴巴遭人耻笑吗？一点儿也不。因为伊米莉发现，当法国人对她使用的虚拟语气大为震惊后,都热情地向她伸出手来,被她的"生活之乐"所感染,从她对生活的努力态度中得到极大的乐趣。他们为伊米莉喝彩,为有勇气干一切事情而不怕出丑的人欢呼。

生活中有些人由于不愿成为初学者,就总是拒绝学习新东西。他们因为害怕出丑,宁愿封闭自己,限制自己的乐趣,禁锢自己的生活。

若要改变自己在交际中的形象和角色总要冒出丑的风险。不要担心出丑,否则你就会无所收获,而且更重要的是你同样不会心绪平静、生活舒畅。你会受到囿于静止的生活而又时时渴望变化的心理的痛苦煎熬。在社交中,我们也许应该记住这一点,由于我们害怕出丑也许会失去许多机会而长久感到后悔。同时,我们也应该记住一句法国谚语:"一个从不出丑的人并不是一个他自己想象的聪明人。"

自己少要点儿面子,给别人多点儿面子

你给了对方面子,对方无疑会记住你的宽容和大度,也会想尽办法回报你的"恩惠"。

在生活中,每个人都无法回避尴尬和难堪的局面。遇到这样的情形,我们常常习惯于牺牲别人的面子来顾全自己的面子,其

实这样的方法是错误的。因为你伤害了对方的面子，会让对方觉得难堪，他一定会记住你的过失并且找机会对你进行报复。所以，为了自己一时的面子而给自己树立一个敌人，是很不值得的。

在人际关系的处理中，聪明的人总是会舍弃自己的利益，而想办法给足对方面子。正如纽约中央铁路局的前总经理克劳利所说的那样，即使某人在什么事情上分明做错了，有包容心的人也不会穷追不舍的，而会适当地给他退路，因为人都是有自尊的，如果你过分伤了别人的面子，别人迟早会找机会报复你。只有那些没有经验的掌权者，才会不管三七二十一地去严格执法，而不管这种严格对被处分者会产生如何恶劣的影响。

在克劳利任某段段长期间，一次差点儿出了大事故。有两个工程师，他们都在铁路上服务了很长时间，但就是这样的两个人犯下了大错：由于他们的疏忽，差不多使两列火车迎头撞上。这么严重的事故是无可推诿的，上司命克劳利解雇这两名员工，但是克劳利持反对意见。

"像这样的情况，应当给予相当的考虑，"他反对说，"确实，他们的这种行为是不可宽恕的，理应受到严厉惩罚。你可以对他们进行严厉的处罚和教训，但是不可剥夺他们的位置，夺去他们唯一赖以为生的职业。总的看来，这些年，他们不知创造了多少好成绩，为铁路事业的发展立下了多少汗马功劳。仅仅由于这次的疏忽，就全盘否定他们以前的功绩，未免太不公平了。你可以惩治他们,但是不可以开除他们。如果你一定要开除他们的话,那么,就连我也一并开除吧!"

结果,采取了克劳利的建议,两名工程师被留了下来,并且一直都在原单位工作,后来他们都成了忠诚而效率极高的员工。

如果你看到了这种情形,就不会为他们为什么忠心耿耿地为克劳利做事而感到奇怪了。显然,克劳利给他们帮了一个大忙,但同时他的包容心也替自己帮了一个忙。他本来可以因为他们犯了错而刻薄、严厉地对待他们,这种态度无可厚非。他甚至可以开除他们,而他们也无可反抗,但是如果他这样硬着心肠"秉公执法"的话,无疑会失去两个忠心的助手。与此相反,他选择了合乎人情的办法,所以得到了这两个得力的助手。

一个追求成功的人,应该深刻领悟这种做法。在别人犯错之后,不应该只想着怎样去指责,而应给对方留有余地,给对方弥补的机会。如果对方产生的尴尬与难堪,是跟我们没有关系的,也应该尽量去帮助他,让他有挽回面子的机会。我们给了对方面子,对方无疑会记住我们的宽容和大度,也会想尽办法回报我们的"恩惠"。

第四章

用怒气去攻打，
　不如用微笑去打动

为人处世容人为上

古人说:"得饶人处且饶人。"在生活中,如果我们有争强好胜、锱铢必较的心理,就可能给自己招来不必要的烦恼、嫉妒,甚至是仇恨。

可见,包容是做人、处世的大智慧,也是和谐人际关系的一种润滑剂。尤其是在双方产生针锋相对的矛盾时,如果以硬碰硬,无论胜负都会有所损失,倘若能够互相包容,就不仅会避免损伤,还能够将问题处理得很好。

清康熙年间,内阁大学士张英(张廷玉的父亲)收到一封家书。信上说他们家正打算修围墙,本来根据地契,墙可以一直修到邻居叶秀才家的墙根下,但是叶秀才不让,并且还到官府把张家给告了。家人非常生气,就给张英写了这封信,让他处理这件事。家人很快就收到了回信,但上面只有一首诗:"千里捎书只为墙,让他三尺又何妨?万里长城今犹在,不见当年秦始皇。"张英的家人看完信后,明白了他的意思,马上就把墙拆了,并且后退三尺才重建。叶秀才一看张家如此大度,也把自己家的墙拆了,后移了三尺。由于两家都退让了三尺,因此留出了一条长百余米、宽六尺的巷子,后被当地人赞誉为"六尺巷"。

本来根据地契约定,张家是没有错的,而张英又贵为大学士,并且父子二人同在朝中任要职,只要知会当地官府一声,叶秀才家肯定会认错,而张家的权利和尊严也会得到保障,但是他们没有这样做,而是选择了包容,宁愿自己吃亏,让了叶秀才家三尺;而叶秀才家则觉得张英"宰相肚里能撑船",不与自己计较,而自己本就理亏,感动之余也让了三尺,两家的关系也因此由剑拔弩张转为互相敬重,和睦相处。

在此我们可以想象一下,假如张英当时给当地官府打了个招呼,以他的权势,叶秀才家肯定会被法办。不过,虽然他有理,但是当地百姓依然会认为他仗势欺人,以大压小。好在张英是一个宽宏大量的人,他主动使用了"包容"这一润滑剂,不仅解决了问题,还赢得了他人的敬重,并因一件小事而青史流芳。

在生活和工作中,我们每个人都难免会遇到不如意的事情。如果因为一点儿小事情就闷闷不乐,甚至大动肝火,这不仅会影响自己、影响他人,可能还会招致更多的麻烦。所以,当我们在遇到不如意的事情时,一定要学会去适当地包容,不要与他人产生摩擦,而要以一种平和的态度来面对。

人生在世,如果再过多地与人计较,甚至与自己计较,总在为得失算计,那就失去了生活的乐趣。生活过得不快乐,还有什么意义呢？所以要转变态度，尽量去包容他人。

有一位高僧特别喜欢兰花，在平日修行讲佛之余总会花费很多的心力侍弄兰花。有一次他要出远门云游，临行前交代弟子要好好照顾他的兰花。但是有一天，一个弟子在浇花时不小心摔倒将花架撞倒了，所有的兰花盆都摔碎了，兰花也散落了一地，无法收拾。弟子们全都慌了，只好等着师父回来责罚。但出乎意料的是，师父回来之后，没有责怪他们，而是召集齐了众弟子，跟他们说："我种兰花，一来是想要用它来供奉佛祖；二来是为了美化寺庙的环境，而不是为了生气而种的！"

"不是为了生气而种的！"得道高僧修养自然是高，兰花本为他所好，也花费了很多时间来培养。一般人如果遇到这种情况肯定会很生气，很有可能会重重责罚把兰花弄坏的人，但是高僧没有。因为他明白事已发生，生气无用，况且弟子也是无心之过，所以就很容易地宽容了徒弟。

为人处世，如果以严厉的态度、倨傲的性格对待别人，就会招致别人的怨恨，引来不满。如此，于人于己都不利，何必呢？正所谓利人就是利己，亏人就是亏己，容人就是容己，害人就是害己。所以说，君子以容人为上策。

宽容是一种修养，一种德行，一种度量。如果人人都有宽容忍让的心态，那么这个社会肯定会变得更美好，人与人之间的关系也肯定会变得更和谐。

留有余地是一种理智的人生策略

清人李密庵写过一首《半半歌》，诗云："**酒饮半酣正好，花开半时偏妍，帆张半扇免翻颠，马放半缰稳便。半少却饶滋味，半多反厌纠缠。百年苦乐半相参，会占便宜只半。**"用现代的话来说，就是凡事要留有余地，给自己和别人留条退路。

常留余地二三分，体现了人生的一种智慧。凡事留有余地，则自由度就增加。进也可、退也可，亲也可、疏也可，上也可、下也可，处于一种自由的境地，体现了一种立身处世的艺术。

常留余地二三分，这是因为世界上的事变幻不定，常常有许多意想不到的不利因素产生作用。人外有人，天外有天。人不要总是想去赢，要留一些空间给自己；不要老想占上风，要给别人一些尊严。这样，自己才能不断进步，人际关系才能更和谐。一句话，为人处世还是谦虚谨慎些的好。如果目中无人，骄傲自满，就容易碰壁、栽跟头。

唐朝有一位德山大师，精研律藏，而且通达诸经，其中尤以讲《金刚般若波罗蜜经》最为得意。因俗姓周，故得了个"周金刚"的美称。

当时，禅宗在南方很盛行，德山大师不以为然。

于是他挑着自己所写的《青龙疏钞》，浩浩荡荡地出了四川，走向湖南的澧阳。

一日途中，突然觉得饥肠辘辘，看到前面有一家茶店，店里有位老婆婆正在卖烧饼，德山大师就想到店里买个饼充饥。老婆婆见德山大师挑着那一大担东西，便好奇地问道："这么大的担子，里面装的是什么东西？"

"是《青龙疏钞》。"

"《青龙疏钞》是什么？"

"是我为《金刚般若波罗蜜经》作的批注。"德山大师对于自己的著作，表现出很得意的神情。

"这么说，大师对于《金刚般若波罗蜜经》很有研究？"

"可以这么说！"

"那我有一个问题想请教您，您若能答得出来，我就供养您点心；若答不出来，对不起，请您赶快离开此地。"

德山大师心想：讲解《金刚般若波罗蜜经》是我最擅长的，任你一位老太婆，怎么可能轻易就难倒我！随即毫不在意地说："有什么问题，请尽管提出来好了！"

老婆婆奉上了饼，说道："在《金刚般若波罗蜜经》中说：'过去心不可得，现在心不可得，未来心不可得。'不知大师您是要点哪一个心？"

老婆婆这一问，德山大师呆立半晌，竟然答不出一句话来。

他心中又惭愧又懊恼，挑起那一大担的《青龙疏钞》，怅然离去。

德山大师受到这次教训后，再也不敢轻视禅门中修行之人，后来来到龙潭，至诚参谒龙潭祖师，从此勇猛精进，最后大彻大悟。

世事无常，万事多留些余地，多些宽容，这是一条重要的做人准则。在你留有余地的同时，别人也会因此而受益匪浅。

待人对己都要留有余地。好朋友不要如影随形，如胶似漆，不妨保持一点儿距离，是冤家也不要把人说得全无是处，对崇拜的人不要说得完美无缺，对有错误的人不要以为一无是处。不要以为自己的判断绝对正确，宜常留一点儿余地。

一幅画上必须留有空白，有了空白才虚实相间，错落有致。有余地才更加符合实际，才更加充满希望。当然；留有余地不是圆滑，不是有力不肯使，也不是逢人只说三分话，而是对世界、对自己抱有一种知己知彼的理性态度，是对鉴于世界的复杂性和自身能力的有限性所采取的一种理智的人生策略。

律己宜严，待人宜宽

宽容，是胸襟博大者为人处世的一种人生态度。总是对别人吹毛求疵的人，一定不是个受欢迎的人。

能容天下者，方能为天下人所容。据此看来，你若要彩虹，你就得宽容雨点,若是在雨点滴到身上的那一刻便勃然大怒,又怎么能在彩虹出现的刹那拥有一种怡然自得的心情来观赏美丽的风景呢?

  森林中有一条河流,河水湍急,不停地打着漩涡,奔向远方。河上有一座独木桥,窄得每次只能容一人通过。
  某日,东山上的羊想到西山上去采草莓,而西山的羊想到东山上去采橡果,结果两只羊同时上了桥,到了桥中心,彼此碰到了,谁也走不过去。
  东山的羊见僵持的时间已很长了,而西山的羊没有退让的意思,便冷冷地说道:"喂,你长眼了没有,没见我要去西山吗?"
  "我看是你自己没长眼吧,要不,怎么会挡我的道?"西山的羊反唇相讥。
  于是,两只互不相让的羊开始了一场决斗。
  "咔"——这是两只羊的犄角相碰撞的声音。
  "扑通"——这是两只羊失足,同时落入河水中的声音。
  森林里安静下来,两只羊跌入河心淹死了,尸体很快就被河水冲走了。

  故事中的悲剧是可以避免的,只要有一只羊后退到桥头,等另一只过后再上桥,便都会平安无事。可悲的是,两只羊都固执地认为狭路相逢勇者胜,不肯宽容和忍让,最终都葬身河底。

"宽以待人"既是一种待人接物的态度，也是一种高尚的道德品质，它能够化解人和人之间的许多矛盾，增强人和人之间的友好情感。同时，一个人如果能够养成"宽以待人"的优良品德，就一定可以在同他人的相处中，严格要求自己，宽恕地善待他人，不断提高自己的思想境界，使自己成为一个道德高尚的人。

有人说，只要有人的地方就有纷争，尤其是有"我"有"你"再加个"他"，你、我、他之间的纷争就更多了。若能秉持**"你好他好我还好，你大他大我不小，你乐他乐我也乐，你有他有我也有"**这四句偈语中所包含的精神，人与人必能和谐相处。

迁怒是不负责任者的行为

不迁怒出自孔子对其弟子颜回的评价。有一次，哀公问："弟子孰为好学？"子对曰："有颜回者好学，不迁怒，不贰过。不幸短命死矣，今也则亡，未闻好学者也。"值得注意的是，孔子说颜回好学，并没有说他学习的成果，而是"不迁怒，不贰过"，既不迁怒别人，也不两次犯同样的错误，在我们看来原本是品德上的问题，孔子却把它归为好学的标准，其实，在古代，德育也是人们需要学习的主要内容。不迁怒，这也是今天我们每个人都应好好学习的品质，它是一个人成熟与否的标志之一，是成大事者获得人心必备的修养，是家庭幸福、朋友同乐的必要条件。

"人有悲欢离合,月有阴晴圆缺,此事古难全。"生活中总免不了磕磕绊绊,不顺心的时候,很多人就会不自觉地迁怒于他人,自己受气或不如意时拿别人出气。倘若某个同伴有些缺点这时暴露出来,就更可能成被迁怒的对象。你可知道同伴是你朝夕相处、陪你欢乐悲伤的人,你们一路并进、一起承担,甚至利害攸关?你可知道,身为家人、朋友、同事,谁都有责任为对方分忧解难,无怨相伴?无论自己的境况如何,我们都不应该迁怒于对方。迁怒,是用伤害别人来为自己找出口,是对自身的逃避,是对别人的苛责,是无自制、不成熟的表现;迁怒,是阻碍成长的绊脚石,是冲动魔鬼的助手,却永远不会为你摆脱不顺心。

有这样一则寓言:

一只狐狸在跨越篱笆时,不小心被篱笆上蔷薇的刺扎伤了,流了许多血。受伤的狐狸见到自己流血了,就非常生气,埋怨蔷薇说:"我本是翻篱笆墙,你为何要刺伤我?"蔷薇回答道:"狐狸!我的本身就带刺,是你自己不小心,才被我刺到的啊!怎么会反过来埋怨我呢?"

在现实生活中,有很多类似于狐狸这样的人,遭遇挫折时不反躬自省,反而责怪或迁怒别人,他们抱怨老板太苛刻,抱怨公交车太挤,抱怨菜市场上的秩序太乱;同伴在场时就开始迁怒,他们迁怒于家人,迁怒于同事,迁怒于朋友,甚至连孩子都成了他们迁怒的对象。

仔细分析一下经常迁怒的人,你会发现他们很少躬身自省,一出现不顺心的事时就想从别人身上找缺点,从而发泄自己的情绪。

金无足赤,人无完人,你的迁怒只会给同伴留下被否定的阴影。聪明的人,不会拿同伴来发泄自己情绪,他们会以他人为镜,提醒自己去改正缺点。

不要把别人的冒犯放在心上

在错综复杂的人际交往中,你要计较的话,每天你都可以找到四五件让自己生气的事情,如被人诬陷、被连累、受人冷言讥讽,等等。有人不便及时发作,便暗自把这些事情记在心里,伺机报复。但这种仇恨心理,对对方没有丝毫损害,却会影响自己的情绪,从而自寻烦恼。

不管别人怎样冒犯你,或者你们之间产生什么矛盾,"得饶人处且饶人"是应该有的心态。

年轻的洛克菲勒空闲的时间很少,所以他总是将一个可以收缩的运动器——就是一种手拉的弹簧,可以闲时挂在墙上用手拉扯——放在随身的袋子里。有一天,他到分行里去探访,那里的人都不认识他。他提出要见经理。

有一个傲慢的职员见了这个衣着随便的人,便回答说:"经理很忙。"洛克菲勒便说,等一等不要紧。当时待客厅里没有别人,他看见墙上有一个适当的钩子,洛克菲勒便把那个运动器拿出来,很起劲地拉着。弹簧的声音打搅了那个职员,于是他跳起来,气愤地瞪着洛克菲勒,冲着他大声吼道:"喂,你以为这里是什么地方啊,健身房吗?这里不是健身房,赶快把东西收起来,否则就出去。懂了吗?"

"好,那我就收起来吧。"洛克菲勒和颜悦色地回答着,把他的东西收了起来。

5分钟后,经理来了,很客气地请洛克菲勒进去坐。那个职员马上蔫了,他觉得他的前程肯定是断送了。洛克菲勒临走的时候,还客气地和他点了点头,而他则是一副不知所措的惶恐样子。他觉得洛克菲勒肯定会惩罚自己,于是便忐忑不安地等待着处罚。但是过了几天,什么也没有发生。又过了一星期,也没有事发生。过了三个月之后,他忐忑不安的心才慢慢平静下来。

不管洛克菲勒是否把这件事放在心上,至少他的行为说明,他对小职员的冒犯采取了宽容的态度。

在生活中,我们不免会遭遇别人的伤害和冒犯,与其"以牙还牙"两败俱伤,倒不如保持宽容和冷静,不要轻易出手反击,这既是对别人的一种容忍,也是对自己的一种尊重。

若要真正获得别人的尊敬与爱护,你要注意自己的表现,切勿盛气凌人,恃宠生骄,做出令人憎恶的事情。这里有几个方法可供参考:

第一,**你要学习与每一个人融洽地相处,表现出你的随和与合作精神**。面对别人的时候,不要忘记你的笑容与热忱的招呼,还要多与对方进行眼神接触,在适当的时机赞美他们的长处。

第二,**假如你不得不对某人的表现予以批评,你的措辞也要十分小心**。先把对方的优点说出来,令他对你产生好感后,他才会接受你的建议,还会视你为他的知己良朋。

第三,**人人都会遇到情绪低落的时候,你要努力控制自己的脾气**,切勿把心中的闷气发泄到别人的身上,这是自找麻烦的愚蠢行为。没有人会愿意跟一个情绪化的人相处,更不会对他期望过高。所以,替自己建立一个随和而善解人意的形象,这是成功的重要因素之一。

指责只会招来对方更多的不满

动物王国的某公司里,狮子经理上任的第一天,便把前任经理的秘书斑马小姐叫到办公室,说:"你本身就够胖的了,还成天穿着花条纹衣服,一点儿气质都没有,这样下去有损我们公司的形象。如果你还想当办公室秘书,就得换身衣服来上班。"

"可是，我……"斑马小姐刚开口解释，狮子经理便恼怒地一挥手，斑马小姐只好含泪离开了办公室。

狮子经理又叫来业务员黄鼠狼，并对它说："你是业务骨干，为了体面地面对客户，从今天起，你不准放臭屁。"

"可是，我……"黄鼠狼刚要解释，狮子经理不耐烦地一挥手，黄鼠狼只好委屈地离开了办公室。

狮子经理又叫来会计野猪，嫌它獠牙太长。

第二天，狮子经理刚走进公司大门，发现公司里冷冷清清的，原来公司的员工集体辞职了。

狮子经理的无端指责，不但没有获得它所想象的效果，反而因树敌太多，大家都离开了它，使它成了"孤家寡人"。我们要记住狮子的教训，无论是在生活中还是在工作中，都不要轻易地指责他人。俗话说："多个朋友多条道，多个敌人多堵墙。"

人往往有这样一个特点，无论他做错了什么，他都宁愿自责而不希望别人去指责他。绝大多数人都如此。在你想要指责别人的时候，首先你得记住，**指责就像放出的信鸽一样，它总要飞回来的**。指责不仅会使你得罪对方，而且对方也必然会在一定的时候指责你。

学会接纳他人，容忍他人的缺点，是人生的一门重要课程，它有助于提高你的人格魅力。因此，树敌不如交友，批评不如赞扬，只要你不到处树敌，他人就乐于与你交往。懂得了这一点，对你成功做事、做人是很有帮助的。

得理也要让三分

生活中有一些人，得理不让人，无理也要争三分，总怕自己会吃亏；还有一些人，真理在握也会让人三分，颇有君子风度。前者，往往是生活中的不安定因素，后者则具有一种天然的向心力；一个活得叽叽喳喳，一个活得自然潇洒。

有理、没理、饶人、不饶人，一般都是在是非场上、论辩之中。假如是重大的或重要的是非问题，自然应该不失原则地辩个是非曲直，甚至为追求真理而献身也值得。但在日常生活中，也包括在工作中，往往会因为一些非原则问题、皮毛问题争得不亦乐乎，谁也不肯甘拜下风，说着论着就较起真儿来，以至于非得决一雌雄才算罢休，结果严重到大打出手，或者闹个鸡飞狗跳、不欢而散的结局而影响了团结，而且越是这样的人越对甘拜下风的人瞧不顺眼。争强好胜者未必掌握真理，而谦虚的人，原本就把出人头地看得很淡，更不消说一点儿小是小非的争论了。**越是你有理，越表现得谦虚，往往越能显示出一个人的胸襟之坦荡、修养之深厚。**

在生活中，人都会有难堪、做错事、有求于人的时候，如果这时你处在评判的一方，尤其是他们的那些错处或什么事情牵涉你的利益时，你会怎样做呢？不同的人可能有不同的做法。一般来说，愚昧的人或心胸狭窄的人爱为难别人，他们不愿意帮助人，不为人遮掩难堪，不包容或原谅人。他们甚至会乘人之危，鸡蛋里挑骨头，抓住把柄不放，且洋洋自得。这种不良行为正是他们愚昧阴暗心理的下意识表露。但是在生活中，你也会经常处在难堪、有错、有求于人的位置上。比如，你不巧弄脏了别人的衣裤等。在这种情况下，你极需要他人的包容。**将心比心，同情他人、宽容他人、不为难他人是一种美德**。这种美德能够感化人，巩固人们之间的互助亲善关系，让社会形成一种宽厚的向善风气，小人就可能不会产生，阴暗的东西就会更少一些，自己有了不幸的时候，也更容易得到他人的帮助。

不要抓住他人的错误或缺点不放，得饶人处且饶人。这样不仅可以减少矛盾，也会提升自己谦卑善良的品质。这种与人为善的品德，正是人类生存所需要的美德。

放大镜看人优点，缩微镜看人缺点

在现实生活中，不难发现有些人因为一些磕磕碰碰便和他人吵架斗嘴，甚至大打出手。他们甚至认为，对于别人的冒犯就应该"以牙还牙，以血还血"。他们容不得别人对自己的一丁点儿侵犯。在与他人交往的过程中，他们把别人身上的缺点无限扩大，动不动就责怪他人。对于别人身上的优点，则以"这有什么了不起"为由来对其嗤之以鼻。这种现象其实是非常可悲的。因为当一个人以刻薄小气的态度为人处世时，他绝不可能有什么出息。一个用"缩微镜看人优点，放大镜看人缺点"的人，绝对不会获得美好的友谊和得到别人的帮助。

在生活中，我们要善于发现别人身上的优点而不是缺点，努力学习别人的优点，这才是正确的行为。也只有以这种"放大镜看人优点，缩微镜看人缺点"的心态，才能有宽广的胸襟，才能赢得别人的敬重和取得成功。

蔡元培先生是一个有着大胸襟的人。在他担任北京大学校长时，曾有这么两个"另类"的教授。

一个是"持复辟论者"和"主张一夫多妻制"的辜鸿铭。辜鸿铭当时应蔡元培先生之请来讲授英国文学。辜鸿铭的学问十分宽广而庞杂，他上课时，竟带一童仆为之装烟、倒茶，他自己则是"一会儿吸烟，一会儿喝茶"，学生焦急地等着他上课，他也不管，"摆架子，玩臭格"成了当时一些北大学生对辜鸿铭的印象。很快，就有人把这事反映到蔡元培那儿。然而蔡元培并不生气。他对前来反映情况的人解释说："辜鸿铭是通晓中西学问和多种外国语言的难得人才，他上课时展现的陋习固然不好，但这并不会给他的教授工作带来实质性的损害，所以他生活中的这些习惯我们应该宽容不较。"经过一段时间后，再也没有人来告状了，因为辜鸿铭的课堂里挤满了北大的学子。很多学生为他渊博的知识、学贯中西的见解而折服。辜鸿铭讲课从来不拘一格，天马行空的方式更是大受学生欢迎。

另一个人，则是受蔡元培先生的聘请，教《中国古代文学》的刘师培。根据冯友兰、周作人等人回忆，刘师培给学生上课时，"既不带书，也不带卡片，随便谈起来"，且他的"字写得实在可怕，几乎像小孩描红，而且不讲笔顺"，"所以简直不成字样"，这种情况很快也被一些学生、老师反映到蔡元培那儿。然而蔡元培却微微一笑，说："刘师培讲课带不带书都一样啊，书都在他脑袋里装着，至于写字不好也没什么大碍啊。"后来学生们发现刘师培讲课"头头是道，援引资料，都是随口背诵"，而且文章没有做不好的。

从蔡元培对辜鸿铭和刘师培两位教授的处理方法，我们可见蔡元培量用人才的胸怀是何等求实、豁达而又准确。他把对师生个性的尊重与宽容发挥到了一种极高明的地步。为了实现改革北大的办学理想，迅速壮大北大实力，他极善于抓住主要矛盾和解决问题的关键，把尊重人才个性选择与用人所长理智地结合起来。他精辟地解释道："对于教员，以学诣为主。在校讲授，以无悖于第一种之主张（循思想自由原则，取兼容并包主义）为界限。其在校外之言动，悉听自由，本校从不过问，亦不能代负责任。夫人才至为难得，若求全责备，则学校殆难成立。"

正是这种博大的胸襟，才使蔡元培能够发现真正的人才，也才使当时的北京大学有了长足的发展。

戴尔·卡耐基和许多人都是朋友，其中包括一些被认为是孤僻、不好接近的人。有人很奇怪地问卡耐基："我真搞不懂，你怎么能忍受那些'老怪物'呢？他们的生活与我们一点儿都不一样。"卡耐基回答道："他们的本性和我们是一样的，只是生活细节上难以一致罢了。但是，我们为什么要戴着放大镜去看这些细枝末节呢？难道一个不喜欢笑的人，他的过错就比一个受人欢迎的夸夸其谈者更大吗？只要他们是好人，我们不必如此苛求小处。"

在现实生活中，我们应该学会以一种大胸襟来对待别人的缺点和过错。学会"容人之长"，因为人各有所长，取人之长补己之短，才能相互促进，学习才能进步；学会"容人之短"，因为金无足赤，人无完人。人的短处是客观存在的，容不得别人的短处就只会成为"孤家寡人"；学会"容人之过"，因为"人非圣贤，孰能无过"。历史上凡是有所作为的伟人，都能容人之过。

朋友们，当我们拥有"以放大镜看人优点，以缩微镜看人缺点"的大胸襟时，我们便拥有了众多的朋友，拥有了无尽的帮助，也拥有了通向成功的门票。

容人小过,不念旧恶

古人说,"水至清则无鱼,人至察则无徒"。如果一个人要求与他交往的人都像天使一样纯洁,那他就要与世隔绝了。有句话说得好,人非圣贤,孰能无过?知错能改,善莫大焉。我们不是圣人,谁都会犯错,只要不是一些原则性的大错,我们就没有必要太过计较。何必因为一些鸡毛蒜皮的小事而生气烦心呢?糊涂点儿才是真聪明。

西汉宣帝时的丞相叫丙吉,他有一个车夫很好喝酒,醉酒后常有行为不检点的地方。有一次他酒后为丙吉驾车,结果呕吐起来,弄脏了车子。丞相的属官为此骂了车夫一顿,并请求丙吉将此人撵走。丙吉说:"何必呢!他本是一个不错的驭手,现在因为饮酒的过失被撵走了,谁还会再雇用他呢!那叫他以后怎么办!就容忍了吧,况且,也不过就是弄脏了我这个当丞相的车垫子罢了。"于是继续让他驾车。

这个车夫的老家在边疆地区,经常有关于边疆情况的消息传回。一次他外出,正巧碰上驿站来了个从边郡往京城送紧急文件的使者,他就跟随到皇宫正门负责警卫传达的公车令那里去打听,知道是匈奴在侵犯云中郡和代郡等地。他马上赶回相府,将情况报告给丙吉,并建议道:"恐怕在匈奴进犯的边境地区,有一些太守和长吏已经老病缠身,难以胜任用兵打仗之事了,丞相是否预先查验一遍，也好临事有个准备？"丙吉听了，觉得车夫的想法很对，到底是家在边境的人对这些事就考虑得特别细致，于是就召来属吏有司，让他们立即统计有关人员情况，做到对边境官员有个比较充分的了解。

不久，汉宣帝召见丞相和御史大夫，询问遭匈奴侵犯的边境守将情况，丙吉当下一一对答如流，而御史大夫仓促间哪能回答得出，皇帝见他那副吞吞吐吐的窘态，大为生气，狠狠地加以责备，而对丙吉则大加赞扬，称许他能时时忧虑边境事务，忠于职守。其实，皇帝哪里知道这全是车夫的提醒之功。

军国大事本不是车夫所长，丙吉在朝也难以想到边疆的具体状况。只因容人小过，却意外收到了如此有利的效果。关键就在于在车夫身上所表现出来的化短为长的力量的作用。

可见，容忍别人的小过失，他必将以自己的一技之长来酬答；宽大自己的仇人，他有可能会尽力回报你。只因为要报答恩人的感情激荡在胸中，所以他一有机会就会踊跃尝试，他的才干一受到激励就会尽量发挥。

郭进任山西巡检时，有个军校到朝廷控告他，宋太祖召见了那人，审讯后知道是诬告，就将他押送回山西，交给郭进，让郭进亲自处置他。当时正赶上北汉国入侵，郭进就对那人说："你竟敢诬告我，有点儿胆量，现在我赦免你的罪过。如果你能出其不意，消灭敌人，我将向朝廷推荐你。如果你被打败了，就自己去投河，不要弄脏了我的剑。"那个军校在战斗中奋不顾身，英勇杀敌，居然打了大胜仗，郭进就向朝廷推荐了他，使他得到了提升。

容人小过，不仅因为多数人或迟或早会有这样那样的过失、短处，而且还因为除了不可救药的人外，都可以做到"过而能改"，并不自甘堕落。换言之，容人小过，也是在为"过而能改"的人创造改过的条件，这样才能获得别人的尊重。容人小过，不念旧恶，这就是我们每个人都应该遵守的一条社交法则。

第五章

表现张弛有度，做事脚踏实地

学做"第二"不等于甘居人后

一位企业管理者说,一直做第一很容易,但是一直做第二却很困难,因为你始终要想办法不被第一落下,还要努力不被后面的人超越。

一个很有实力的房地产开发商与一个朋友闲谈,这个朋友说:"据我分析,你的实力堪称我们地区房产业的第一。"这位开发商笑笑说,当"第一"不容易,因为不论研发、行销、人员、设备,都要比别人强,因为怕被别的公司超过去,便不断地扩充、投资;换句话说,要花很多力气来维持"第一"的地位。他说,这样太辛苦了,而且一旦没弄好,不但第一当不成,甚至连当第二都不可能。也就是说当"第一"的,必然要费很多力气来维持"第一"的地位。

这么说,并不是不要你去当第一,如果你有当第一的能力,也有当第一的兴趣和机会,那么就去试试。如果你自认能力有限,个性懒散,又懒得挑大梁,那么就算有机会,也要缓一缓。

经营企业就是如此，"龙头"的位子一旦不保，就会给人"××公司快倒闭了"的印象，于是兵败如山倒。除此之外，当"第二"还有其他的好处。静看"第一"如何构筑、巩固、维持他的地位，他的成功与失败，都可作为你的经验和教训。因为志不在"第一"，所以就不会太急切，得失心也不重，不会勉强自己去做力不从心的事情，反而能保全自己，也会降低失败的概率。可趁此机会培养自己的实力，以迎接当"第一"的机会。

在企业的经营管理概念中，有一种叫"第二哲学"的说法，就是不做第一，不做第三，而只是紧紧跟在排名第一的后面做第二，瞄准机会再冲刺第一。或许是暂时不愿做"出头鸟"，或许是想挂在后面搭个便车，但最终是没有一家会甘居第二的，"第二"也只是个过渡。创业者在创业之初，要学会做"第二"。

做人也好，经营企业也好，不要一心只想做第一，枪打出头鸟，出头的椽子容易烂，所以，不妨低调一些，做一下第二，也许会是另外一番天地。

飞得太高时，要学会"软着陆"

生活中很多人只记得一路向上爬，在他们的眼里，只能看到更远的山坡，而看不到脚边的风景；在他们的心中，只有不断超越，而没有停歇。

上帝问三个凡人："你们来到人间是为什么呢？"第一个凡人回答："我来这个世界是为了享受生活。"第二个凡人回答："我来到这个世界是为了承受痛苦。"第三个凡人回答："我既要承受生活给我的磨难，又要享受生活赐给我的幸福。"上帝给前两个凡人打了50分，给第三个人打了100分。

人生不是你死我活的战场，也不必怀着不成功便成仁的决绝。如果你想奔跑，就要像阿甘那样："有一天，我忽然想跑步，于是我就跑了起来。"无论道路多长，都跑得兴高采烈；无论多少人追随，都跑得心无旁骛；有一天不跑了，就转身而去，也无须管身后多少人叽叽喳喳。

现代作家林语堂一生笔耕不辍，他平均每年写一本书，直到77岁，仍没放下手中之笔。此外，他又非常注意休闲和享受，经常去户外散步，去郊外垂钓，去名山大川自由歇息。

他说："我像所有的中国人一样，相信中庸之道。"主张"尽力工作尽情作乐，英文只有 work hard，play hard 四字，这样才得生活之调剂，得生活之收获"。他反对过于努力和过于慵懒闲适地生活，提出了"半半哲学"的主张。

他非常喜欢清代李密庵那首《半半歌》，认为它反映了自己的人生理想："看破浮生过半，半之受用无边。半中岁月尽幽闲，半里乾坤宽展。半郭半乡村舍，半山半水田园。半耕半读半经塵，半士半民姻眷。半雅半粗器具，半华半实庭轩。衾裳半素半轻鲜，肴馔半丰半俭。童仆半能半拙，妻儿半朴半贤。心情半佛半神仙，姓字半藏半显。一半还之天地，让将一半人间。半思后代与沧田，半想阎罗怎见。酒饮半酣正好，花开半时偏妍。帆张半扇免翻颠，马放半缰稳便。半少却饶滋味，半多反厌纠缠。百年苦乐半相参，会占便宜只半。"它将天地人生的种种现象与关系写得绘声绘色，一展无余，在对天地万物的悲悯中又有着达观超然的人间情怀。

在美国时，他有感于美国人长于进取却拙于享受的特点，向他们介绍了《乐隐词》二首，其一是："短短横墙／矮矮疏窗／花楂儿小小池塘／高低叠嶂／绿水边旁／也有些风／有些月／有些凉。"其二是："懒散无拘／此等何如／倚阑干临水观鱼／风花雪月／赢得工夫／好炷些香／说些话／读些书。"在《人的梦》里，林语堂说，假使他能得一个月的顽闲，度一个月顽闲的生活，他可以立即放下手中之笔，睡48小时大觉，换上便服，带一鱼竿，携一本《醒世姻缘》，一本《七侠五义》，一本《海上花》，此外行杖一枝，雪茄五盒，到一世外桃源，暂做葛天遗民领现在可行之乐，补平生未读之书。这是充分理解了闲适和享受真义之后的人生理想方式。在林语堂笔下，他所崇拜的陈芸和姚木兰也是这样：她们知足常乐，对生活所求无多，平淡悠闲的田园生活最令她们感到惬意，即使是布衣菜饭，亦可得乐终生。从此意义上说，林语堂认为还是张潮说得好："能闲人之所忙，然后能忙人之所闲。"

其实，生活正是如此。人生在世，不仅是奔波，也不仅是享受，而是既有奋斗也有享受，忙里不忘休闲，工作之余不忘品味人生的快乐与幸福。可是生活中很多人只记得一路向上爬，在他们的眼里，只能看到更远的山坡，而看不到身边的风景；在他们的心中，只有不断地超越，而没有停歇。

当我们走得太久的时候，最简单的向前迈步都会成为一种负担。所以，不要一直想着往高处飞，而应该在到达一定高度的时候，学会"软着陆"，学会放松，让自己一直紧绷的心弦也能得到短暂的放松。只有这样，我们才能飞得更高，飞得更远。

没有花的芳香，就当最有生机的绿叶

当不成绽放的花朵，我们还可以拥有绿叶的生机；当不成万人瞩目的皓月，我们还可以做闪烁的星星。

2008年，在长春举办的一次颁奖典礼上，导演冯小刚对正要领奖的张涵予说："如果能够得奖，那我祝贺你。但是生活存在了许多的偶然性，虽然大家都很看好你演的《集结号》，也都希望你能够拿到这个最佳男主角的大奖，但是看着快要到手的东西，有时候就是得不到……"

没错，生活里总是有太多的偶然，有时候明明已经看见成功在向我们招手了，可是就差那么一步，我们就与成功擦肩而过。这个时候，不要悲观失望，也不要自怨自艾，而应该换一个角度去想。虽然没有成功，可是经历了，就总会有不同的收获。

1968年，第一位踏上月球的航天员阿姆斯特朗，以"这是我个人的一小步，却是全人类的一大步"的一番话而名留青史，成为当时人们心目中的大英雄。

其实，当时登陆月球的，除了阿姆斯特朗之外，还有他的队友奥德伦。两人只有一步之差，可后来的知名度却隔了千里之远，阿姆斯特朗以踏上月球的第一人闻名于世，奥德伦却默默无名，知道他的人可说是寥寥无几。

在庆功宴上，当人们为这项前所未有的创举感到骄傲不已时，一名记者却突然问奥德伦："阿姆斯特朗先下了太空舱，成为登陆月球的第一人，你会不会觉得有些遗憾？"

众人纷纷把目光投向奥德伦，看他怎么接下突如其来的烫手山芋。此时，气氛一下子降到了冰点，连阿姆斯特朗都显得有些尴尬，然而奥德伦却神情自若，微微一笑："各位，千万别忘了，回到地面时，我可是最先走出太空舱的，所以，我是从别的星球来到地球的第一人。"

话音刚落，人群中响起了一阵叫好声，同时也化解了尴尬的场面，热烈的掌声持续了很久。

一位思想家说:"不要为自己所没有的东西感到苦恼,能享受自己现在所拥有的,才是最聪明的人。"法国哲学家孟德斯鸠也说:"假如一个人只是希望幸福,这很容易达到。我们总是希望比其他人幸福,这就是困难所在,因为一般人坚信其他人比自己实际上更幸福。"

我们能够调整自己的心态,但是我们不能掠夺别人的幸福。我们可以向着成功努力,但是我们无法决定成功是否降临。当我们理想的生活状态没有实现的时候,我们完全可以将自己的思维换一个方向。

可是很多人都会执拗于一个方向,认为成功的标准只有一个。其实,在生活中,很多事情都不是单向发展的,不能用单一的标准去评定一个事物的好坏。所以,当事情不能按照我们的预想去发展的时候,我们不妨将思想转一个弯。

当我们的思路换了一个方向的时候,成功的定义也会跟着发生转变。所以,当我们不再执着于一个方向的时候,成功与幸福就变得随处可见了。

当当配角也无妨

一个人可以没有很多钱,但是不能没有朋友。在职场中这个法则同样适用,一个拥有很多朋友的人会比其他人更幸福。在与朋友的交往中，要适当地充当他们的配角，因为没有人愿意在自己高谈阔论的时候，听到这样的话："那没什么了不起的，我以前做得比你好一百倍。"这样会在无形中失去许多朋友。

如果人们能做到万事让人先，自己去做配角，那么他的人际关系一定非常好，因为人人都需要被尊重。尤其是在一些关键场合，主角也需要配角来衬托。

心存谦虚，把功劳适当地让给别人，往往能够让人感激你的博大胸怀，这也是赢得朋友的好方法。

关键时刻，甘于当配角往往被视为一种奉献精神，而一个处处争当主角的人，也会让人觉得不够成熟，虚荣轻浮。社会竞争日趋激烈，一个人要想立于不败之地，是要有"敢为天下先"的勇气和魄力的，但同时也需要有"退一步海阔天空"的韧劲和智谋。人在竞争过程中，一方面是做事进行挑战，另一方面则是与他人进行协作或挑战。做事容易，但做人就比较难，这需要我们能屈能伸，更需要我们清楚何时屈，何时伸。

其实生活中有很多情况要求我们当配角。当你刚从事一份工作时，你要有足够的心理准备做好配角，这是一种谦虚的态度，一种合作的态度。只有当好配角，你才能从主角那里学到东西，也才能让主角尽心地传授知识。如果你一上来就猛打猛冲，凡事都抢着干，别人就会抱有戒心，谁都怕这种人来抢自己的饭碗。

作为一个新手，我们要甘当配角，以求充实自己；而作为一个老手，也要乐于当配角，让新手们能有机会得到锻炼。另外，在工作中遇到大家都能做的事，不要抢着去表现。即使你做成了，别人也不会夸奖你，而且和别人争做这样的事，容易引起矛盾。当有些事别人做不了时，你可以勇敢地争做主角，好好地表现一下，这才能显出你的水平。处处喜欢抛头露面的人往往容易成为众矢之的，而**那种平时踏实肯干，在关键时刻一鸣惊人的人才是最具竞争力的**。在生活中要学着做"黑马"，而不要抢做"出头鸟"。

"木秀于林，风必摧之"，事事争强好胜并不是强者本色，藏锋露拙、韬光养晦才能更快到达成功的彼岸。"该低头时就低头"，时不时地做一做配角，并不是为了达到目的而屈尊，而是一种处世智慧，这也是在竞争激烈的职场之中获得更大生存空间的秘诀之一。

自视过高易受挫

涧谷把自己放低，才能得到一脉流水；人只有把自己放低，才能吸纳别人的智慧和经验。

在现实生活中存在这样一些自视颇高的人，他们锋芒毕露，处世不留余地，咄咄逼人。他们虽然有充沛的精力、很高的热情，也有一定的才能，但这种人却往往在人生旅途上屡遭挫折。这其中的重要原因就是过于出头，而没能将本身的才华发挥出来。

第五章 表现张弛有度，做事脚踏实地

有一位分配到某单位的大学生，从下车间开始，就对单位这也看不惯，那也看不顺。不到一个月，他给单位领导写了洋洋万言意见书，上至单位领导的工作作风与方法，下至职工的福利，一一列出了存在的问题与弊端，并提出了周详的改进意见。由此，他被一些领导视为狂妄、骄傲的代表，不仅没有采纳他的意见，而且借别的理由将他辞退了。

这位大学生作为锋芒毕露者的典型，在新的人际关系圈子中未能处理好各种关系，加上又不注意讲究策略与方式，结果不仅妨碍了自己才能的发挥，还招来了嫉妒和排斥。

每个人都希望自己可以出人头地，但是这条出头之路不能走得太急躁。很多人刚受到一些表扬，就以为自己马上可以出名而天下知，但结果却是相反，人们还是逐渐遗忘了他。

一年夏天，一位乡下小伙子登门拜访年事已高的爱默生。小伙子自称是一个诗歌爱好者，从7岁起就开始进行诗歌创作，但由于地处偏僻的乡村，一直得不到名师的指点，因仰慕爱默生的大名，故千里迢迢前来寻求文学上的指导。

这位青年诗人虽然出身贫寒，但谈吐优雅，气度不凡。老少两位诗人谈得非常融洽，爱默生对他也非常欣赏。

临走时，青年诗人留下了薄薄的几页诗稿。

爱默生读了这几页诗稿后，认定这位乡下小伙子在文学上将

会前途无量，决定凭借自己在文学界的影响大力提携他。

爱默生将那些诗稿推荐给文学刊物发表，但反响不大。他希望这位青年诗人继续将自己的作品寄给他。于是，老少两位诗人开始了频繁的书信往来。

青年诗人的信长达几页，大谈特谈文学问题，激情洋溢，才思敏捷，表明他的确是个天才诗人。爱默生对他的才华大为赞赏，在与友人的交谈中经常提起这位诗人。青年诗人很快就在文坛有了一点儿小小的名气。

但是，这位青年诗人以后再也没有给爱默生寄诗稿来，信却越写越长，奇思妙想层出不穷，言语中开始以著名诗人自居，语气越来越傲慢。

爱默生开始感到了不安。凭着对人性的深刻洞察，他发现这位年轻人身上出现了一种危险的倾向。

爱默生去信邀请这位青年诗人前来参加一个文学聚会。青年诗人如期而至。在爱默生的书房里，两人有了以下一番对话。

"后来为什么不给我寄稿子了？"

"我在写一部长篇史诗。"

"你的抒情诗写得很出色，为什么要中断呢？"

"要成为一个大诗人就必须写长篇史诗，小打小闹是毫无意义的。"

文学聚会上，这位被爱默生欣赏的青年诗人大出风头。他逢人便谈他的伟大作品，表现得才华横溢，咄咄逼人。虽然谁也没有读过他的大作品,即便是他那几首由爱默生推荐发表的小诗也很少有人读过,但几乎每个人都认为这位年轻人必将成大器。否则大作家爱默生能如此欣赏他吗?

青年诗人继续给爱默生写信,但从不提起他的大作品。信越写越短,语气也越来越沮丧,直到有一天,他终于在信中承认,长时间以来他什么都没写。以前所谓的大作品根本就是子虚乌有之事,完全是他的空想。

他在信中写道:"很久以来我就渴望成为一个大作家,周围所有的人都认为我是个有才华、有前途的人,我自己也这么认为。我曾经写过一些诗,并有幸获得了您的赞赏,我深感荣幸。

"使我深感苦恼的是,自此以后,我再也写不出任何东西了。我认为自己是个大诗人,必须写出大作品。在现实中,我对自己深感鄙弃,因为我浪费了自己的才华,再也写不出作品了。而在想象中,我是个大诗人,我已经写出了传世之作,已经登上了诗歌的王位。

"尊贵的阁下,请您原谅我这个狂妄无知的乡下小子……"

这个年轻人是急于出头、缺乏耐心的典型。虽然开始时他有超出一般人的才华,但稍微受到赞扬,他就急切地以为自己可以和大人物相提并论,忽视了这期间要走的基本的道路。要想登上胜利的巅峰,急躁是要不得的,所有成功都需要自己一步步努力和攀爬,否则胜利也只是想象而已。

叫嚣抵不过低头实干

世界上没有不劳而获的事情，成功无一不是脚踏实地努力的结果。所以，与其总是将精力放在叫嚣上，不如脚踏实地，从最基本的做起。

1864年9月3日，斯德哥尔摩市郊突然爆发出一声震耳欲聋的巨响，滚滚浓烟，火焰霎时冲上天空。当惊恐的人们赶到现场时，只见原来屹立在这里的一座工厂只剩下残垣断壁，火场旁边，站着一位年轻人，突如其来的惨祸，使他面无血色，浑身不住地颤抖着……

青年眼睁睁地看着自己所创建的硝化甘油炸药实验工厂化为了灰烬。人们从瓦砾中找出了5具尸体，其中4人是他的亲密助手，而另一人是他在大学读书的小弟弟。5具烧焦的尸体，惨不忍睹。青年的母亲得知小儿子惨死的噩耗，悲痛欲绝。年迈的父亲因受刺激而引发脑溢血，从此半身瘫痪。

事后，警察局立即封锁了爆炸现场，并严禁青年重建自己的工厂。人们像躲避瘟神一样避开他，再也没有人愿意出租土地让他进行如此危险的实验。但是，困境并没有使青年退缩，几天以后，人们发现在远离市区的马拉仑湖上出现了一艘巨大的平底驳船，驳船上并没有装什么货物，而是装满了各种设备，青年正全神贯注地进行实验。

他就是闻名于世的诺贝尔。一次又一次的失败之后，他终于发明了雷管。雷管的发明是爆炸学上的一项重大突破，随着当时许多欧洲国家工业化进程的加快，开矿山、修铁路、凿隧道、挖运河等都需要炸药。于是，人们又开始亲近诺贝尔。他把实验室从船上搬迁到斯德哥尔摩附近的温尔维特，正式建立了第一座硝化甘油工厂。接着，他在德国的汉堡等地建立了炸药公司。一时间，诺贝尔的炸药成了抢手货。

做事低调踏实的人懂得成功需要辛勤的汗水来浇灌的道理，所以他们会用勤劳的双手去实现自己的目标。

很长一段时间，门捷列夫全身心地投入化学元素的排列问题的研究中。一次，在紧张工作了3天3夜之后，他由于过度疲劳睡着了，竟在梦中见到了一张他日思夜想的元素周期表，通过这个梦，他成功地解决了困扰多时的元素排列问题。

后来，有记者采访他，要他讲述是如何通过做梦而获得成功的。记者的提问引起他的不满，他说："什么，你认为我的发现只是梦中几个小时的成果吗？你知道之前我付出了多少个日夜、多少心血进行研究吗？"

门捷列夫对待工作的态度说明，成功不是偶然得来的，如果没有艰苦的努力，不管有怎样美妙的梦想、怎样美好的构思，都难以获得成功。

只有努力工作才是获得成功的捷径。看准了的事情,如果不论在什么情况下都能脚踏实地一步一个脚印地去实干,就有可能取得成功。

如果你想成就一番伟业,在确立了远大的目标之后,静下心来,认认真真、脚踏实地开始你的行程吧!

反击别人不如充实自己

当我们遭到冷遇时,不必沮丧,不必愤恨,唯有尽全力赢得成功,才是最好的反击。

有时候,白眼、冷遇、嘲讽会让弱者低头走开,但对强者而言,这也是另一种幸运和动力。所以美国人常开玩笑说,正是因为负面的刺激,才成就了杜鲁门总统。

在高中毕业班时,查理·罗斯是最受老师喜爱的学生之一。他的英文老师布朗小姐,年轻漂亮有活力,是校园里最受学生欢迎的老师之一。同学们都知道查理深得布朗小姐的青睐,便在背后笑他说,查理将来若不成为一个人物,布朗小姐是不会原谅他的。

在毕业典礼上,当查理走上台去领取毕业证书时,布朗小姐站起身来，当众吻了一下查理，给了他一个出人意料的祝贺。当时，本以为现场会发生哄笑、骚动，结果却是一片静默和沮丧。

许多毕业生，尤其是男孩子们，对布朗小姐这样不怕难为情地公开表示自己的偏爱感到愤恨。不错，查理作为学生代表在毕业典礼上致告别辞，他曾担任过学生年刊的主编，还曾是"老师的宝贝"，但这就足以使他获得如此之高的荣耀吗？典礼过后，有几个男生包围了布朗小姐，为首的一个质问她为什么如此明显地冷落别的学生。

"查理是靠自己的努力赢得了我特别的赏识，如果你们有出色的表现，我也会吻你们的。"布朗小姐微笑着说。男孩们得到了些安慰，查理却感到了更大的压力。他已经引起了别人的嫉妒，并成为少数学生攻击的目标，他决心毕业后一定要用自己的行动证明自己值得布朗小姐报之一吻。毕业之后的几年内，他异常勤奋，先进入了报界，后来终于大有作为，被杜鲁门总统任命为白宫负责出版事务的首席秘书。

当然，查理被挑选担任这一职务也并非偶然。原来，在毕业典礼后带领男生包围布朗小姐，并告诉她自己感到受冷落的那个男孩子正是杜鲁门本人。

查理就职后的第一件事，就是接通布朗小姐的电话，向她转述美国总统的问话："您还记得我未曾获得的那个吻吗？我现在所做的能够得到您的赏识了吗？"

在生活中，当我们遭到冷遇时，不必沮丧，不必愤恨，唯有尽全力赢得成功，才是最好的反击。当有人刺激了我们的自尊心、伤害到我们时，与其强烈地批驳别人，不如思考自己什么地方还需要完善。

有个喜欢与人争辩的学者，在研究过辩论术，听过无数场辩论，并关注它们的影响之后，得出了一个结论：**世上只有一个方法能从争辩中得到最大的利益，那就是停止争辩**。你最好避免争辩，就像避免战争或毒蛇那样。

这个结论告诉我们：**反击别人不如充实自我**。争辩中的赢不是真赢，它带来的只是暂时的胜利和口头的快感，它会使他人不满，影响你与他人之间的关系，更重要的是，在争辩中失利的人不会发自内心地承认自己的失败，所以你的说服和辩论是徒劳无功的，无助于事情的解决。

有一种人，反应快，口才好，心思灵敏，在生活或工作中和别人有利益或意见的冲突时，往往能充分发挥辩才，把对方辩得哑口无言。可是这有什么好处？要想拥有良好的人际关系，要想使自己在事业上游刃有余，在朋友中广受欢迎，在家庭中和睦相处，我们最好不要试图通过争辩去赢得口头上的短暂胜利。

反击别人，除了互相伤害以外，我们不会得到任何好处。这是因为就算我们将对方驳得体无完肤、一无是处，那又怎样？即使他表面上不得不承认我们胜利了，但他心里会从此埋下怨恨的种子。所以，还不如用反击别人的时间来充实自我。

成就不与骄矜相约

一个容器中若装满了水,稍一晃动,水便溢了出来。一个人,若心里盛满了骄矜,便再也容纳不了新的知识、新的经验及别人的忠告了。

骄矜,是指一个人骄傲专横、傲慢无礼、自尊自大、好自夸、自以为是。具有骄矜之气的人,大多自以为能力很强,很了不起,做事比别人强,看不起他人。由于骄傲,往往听不进别人的意见;由于自大,做事专横,轻视他人,看不到别人的长处。

骄矜对人、对事的危害性是很大的,这一点古人认识得十分清楚。《管子·法法》中说:"凡论人有要:矜物之人,无大士焉。彼矜者,满也。满者,虚也。满虚在物,在物为制也。矜者,细之属也。"这段话告诉我们,评价一个人是有一定标准的,凡是能够做出一番伟大事业的人,没有一个是具有骄矜之气的人。骄矜,是自满的表现,是小家子的表现,绝不能成就大事。

《尚书》中这样阐述:骄傲、荒淫、矜持、自夸,必将以坏结果而结束。同样的看法在《说苑》中也有:富贵不与骄傲相约,但骄傲自然而然地随富贵出现了;骄傲和死亡并没有联系,但死亡也会随骄傲而来临。

骄矜自大对人百害而无一利,历史上深受其害的人比比皆是。

年羹尧早期仕途一路顺畅,1700 年考中进士,入朝做官,升迁很快，不到10年已成为重要的地方大员——四川省长官。这个时期是清朝西北边疆多战事的时期。当时康熙重用年羹尧，就是希望他能平定西藏、青海等地叛乱。年羹尧也没有让康熙失望，在1718年参与平定西藏叛乱的过程中，年羹尧表现出了非凡才干。他当时负责清军的后勤保障工作，虽然运送粮饷的道路十分艰险，但是在年羹尧的努力下，清朝大军的粮饷供应始终是充足的，从而为取胜创造了条件。因此，第二年年羹尧就被晋升为四川、陕西两省的长官，成为清朝在西北最重要的官员之一。

这一年九月，青海地区出现叛乱。这一次朝廷任命年羹尧为主帅前去镇压。出兵前，年羹尧突然下令："明天出发前，每个士兵都必须带上一块木板、一束干草。"将士们都不明白这是为什么，又不敢问。第二天进入青海境内，遇到了大面积的沼泽地，队伍难以通过。这时年羹尧下令将干草扔进沼泽泥坑中，上面铺上木板，这样，军队顺利而快速地通过了沼泽。这片沼泽本是叛军依赖的一大天险，他们认为清军不可能穿过沼泽，哪想到突然之间年羹尧的大军出现在他们面前，叛军一时惊慌失措，很快就被打败。

雍正皇帝登基之初，对年羹尧倍加赏识、重用。年羹尧一直在西北前线为朝廷效力，因平定西藏时运粮及守隘之功，封三等公爵，世袭罔替，加太保衔；因平郭罗克功晋二等公；因平青海功，进一等公，给一子爵令其子袭，外加太傅衔。雍正二年八月，年羹尧入觐时，御赐双眼孔雀翎、四团龙补服、黄带、紫

第五章 表现张弛有度，做事脚踏实地

赏及金币，恩宠到了无以复加的地步。不但年羹尧的亲属备受恩宠，就连家仆也有通过保荐，官至道员、副将的。

随着权力的日益扩大，年羹尧以功臣自居，变得骄矜自大起来。一次他回北京，京城的王公大臣都到郊外去迎接他，他对这些人看都不看，显得很无礼。他对雍正有时也不恭敬。一次，在军中接到雍正的诏令，按理应摆上香案跪下接令，但他随便一接了事，种种行为都令雍正气愤。此外，他还大肆收受贿赂，随便任用官员，扰乱了国家秩序。

年羹尧对此不但不知收敛，反而更加得意忘形、更加骄横，还霸占了蒙古贝勒七信之女，斩杀提督、参将多人，甚至蒙古王公见到他都要先跪下，因此他遭到了群臣的愤怒和非议，弹劾他的奏章多似雪片。

满朝合词奏言年羹尧的罪恶，于是雍正三年十月，雍正命逮年羹尧来京审讯。十二月，案成。此距发端仅九个多月。议政王大臣等定年羹尧罪：计有大逆之罪五、欺罔之罪九、僭越之罪十六、狂悖之罪十三、专擅之罪十五、忌刻之罪六、残忍之罪四，共九十二款。

雍正三年十二月，皇帝差步兵统领阿尔图，来到关押年羹尧的囚室传旨说："历观史书所注，不法之臣有之。然当未败露之先，尚皆为守臣节。如尔公行不法，全无忌惮，古来曾有其人乎？朕待尔之恩如天高地厚，愿以尔实心报国，尽去猜疑，一心任用。尔乃作威作福，植党营私，辜恩负德，于结果忍为之乎？

尔悖逆不臣至此，若枉法曲宥，何以彰宪典而服人心？今宽尔磔死，令尔自裁，尔非草木，虽死亦当感涕也。"年羹尧接旨后即自杀。此案涉及年家亲属及友人，其父年遐龄、兄年希尧罢官，其子年富立斩，诸子年十五以上者遣戍极边，子孙未满十五者待至时照例发遣，族中文武官员俱革职。

如果一个人喜欢自大自夸，就算是有一些美德，有一些功劳和成绩，也会因此丧失。过分炫耀自己的能力，看不起他人，最终受到损害的只是自己。所以我们要学会尊重别人，学会谨慎处世，低调为人。

别让卖弄毁了前程

做人姿态要放低一点。在该表现时表现，不该表现时就要低调。真正的能人"能"在做大事上，而不在对自己的炫耀上。

身负出众的本领是好事，但如果不懂收敛，也是很难立足的，甚至会招致厄运。古今中外，一些过分张扬、喜欢卖弄聪明、锋芒毕露之人，不管功劳多大、官位多高，多数不得善终。吴王箭射灵猴的故事留给人们的启迪正在于此。

吴王乘船在长江中游玩，登上狝猴山。原来聚在一起戏耍的

第五章 表现张弛有度，做事脚踏实地

猕猴，看到吴王前呼后拥地来了，立即一哄而散，躲到深林与荆棘丛中去了。但有一只猕猴，想在吴王面前卖弄灵巧，它在地上得意地旋转，旋转够了，又纵身到树上，攀缘腾荡。吴王看这猕猴如此逞能，很是不舒服，就弯弓搭箭射它，那猕猴从容地拨开射来的利箭，又敏捷地把箭接住。吴王脸都气红了，命令左右一齐动手，箭如风卷，猕猴无法脱逃，被射死了。

吴王回头对他身边的人说："这灵猴夸耀自己的聪明，倚仗自己的敏捷傲视本王，以致丢了性命。要以此为戒呀！可不要用你们的姿态声色骄人傲世啊！"

时常有人稍有名气就到处扬扬得意地卖弄，喜欢被别人奉承，这些爱卖弄的人迟早会把自己毁掉。

汉献帝建安初年，曹操考虑派一个使者到荆州劝说荆州牧刘表投降。孔融推荐很有才能的祢衡出任使者。曹操叫人去把祢衡喊了来。祢衡来后，按例行了礼，曹操给祢衡安排座位。祢衡仰头向天，说："天地虽然这样宽阔，为什么眼前连一个像样的人都没有呢？"

曹操说："我手下有几十位能人，都是当代英雄，凭什么说没有人呢？"

祢衡笑了一声："那就说给我听听吧！"

曹操说："荀彧、郭嘉、程昱见识高远，前朝的萧何、陈平都

不如他们。张辽、许褚、李典、乐进勇猛无敌,过去的岑彭、马武也不是他们的对手。吕虔和满宠替我主管文书,于禁和徐晃担任我的先锋官。夏侯惇是天下的奇才,曹子奇是世上的福将。这怎能说没有人呢?"

祢衡大笑道:"阁下全讲错了,这些人我都认识。荀攸只能看坟墓;程昱仅能开开门;郭嘉倒还可以读几篇辞赋;张辽在战场上只配打打鼓、敲敲锣;许褚也许能放放牛、牧牧马;乐进和李典当个传令兵勉强凑合;吕虔不过能给人家磨磨刀、铸几把剑;满宠是喝酒的能手;于禁是打砖的泥水匠;徐晃只有杀猪、捉狗的本事;夏侯惇是一个仅能保全性命的将军;曹子奇被人称为只知道要钱的太守,其余都是饭袋、酒桶而已!"

这时,张辽在旁边,听到祢衡这样狂妄,公开侮辱大家,气得抽出宝剑要去砍他,被曹操止住。张辽恨恨地问曹操:"这个家伙讲话这般放肆,为什么不让我杀他?"

曹操笑笑说:"这个人在外面有点儿虚名,我今天杀了他,人家就会议论我容不得人。"

曹操没有杀掉祢衡,而是派祢衡出使荆州,命他去说服刘表归降。祢衡知道刘表是不会归附曹操的,派去的人也会凶多吉少,这分明是曹操在使用借刀杀人的伎俩,不肯答应。曹操立即传令侍从,要他们备下三匹马,由两人挟持祢衡去荆州,还通知自己手下的文武官员,都到东门外摆酒送行。

不久,祢衡因倨傲无礼而得罪了刘表。刘表也很聪明,也不杀祢衡，而把他打发到江夏太守黄祖那里去了。祢衡在黄祖那里，仍是率性如前。一次，祢衡竟然当众顶撞黄祖，黄祖气极，一怒之下把他杀了。祢衡死时26岁。

以为自己很聪明，可以以一当十，却不知正是因为自己的目中无人而招致杀身之祸。祢衡的故事给了我们很好的启示。

在我们的身边，有一些人自以为很聪明，为公司立下了汗马功劳，就觉得自己功不可没，目中无人，甚至连上司也不放在眼里。这些人总觉得公司里没有他不行，可是地球离开谁都一样转，公司离开哪一个员工都能照常运营。所以，不要总是在人前卖弄你的聪明，也不要总是夸大自己的作用，只有低下头来淡化自己的功劳，埋头苦干，你才能在事业上越做越好，越来越受到领导的器重。而那些喜欢卖弄的人，无疑会毁了自己的前程，将自己逼上绝路。

盛气凌人是浅薄和庸俗的表现

你站在山顶，还在为可以俯视别人而沾沾自喜的时候，殊不知地面上的人们看到的你更加渺小，或者干脆就看不到。

曾国藩在《求阙斋语》中写道："今日我以盛气凌人，预想他日人亦盛气凌我。"词典中解释盛气凌人就是骄横自满、目中无人。骄傲自满乃为人处世之大忌，上至王公贵族，下至黎民百姓，存一分骄傲之心者，必招来无妄之灾。《王阳明全集》中有这样的话："今人病痛，大抵只是傲。千罪百恶，皆从傲上来。傲则自高自是，不肯屈以下人。故为子而傲必不能孝，为弟而傲必不能悌，为臣而傲必不能忠。"

一个人处世若不能看到别人的长处，盲目轻视别人，势必导致狂妄自大、迂腐褊狭，而这些正是失败到来的前兆。对此古人有十分清醒的认识，在《劝忍百箴》中就曾这样写道："金玉满堂，莫之能守。富贵而骄，自遗其咎。诸侯骄人则失其国，大夫骄人则失其家。魏侯受田子方之教，不敢以富贵而自多。盖恶终之衅，兆于骄夸；死亡之期，定于骄奢。先哲之言，如不听何！昔贾思伯倾身礼士，客怪其谦。答以四字，骄至便衰。斯言有味，噫，可不忍欤！"

此言对于如今生活在浮躁、骄矜之气盛行的社会中的现代人来说，尤为有用。

赤壁之战后，刘备占领了荆州，又夺取了巴蜀，形成了魏、蜀、吴三足鼎立的局面。当时关羽留守荆州，时时有吞并东吴的野心，又自恃自己武艺高强、兵强马壮，连连向北边的曹操发动进攻。这完全破坏了刘备当年东联东吴、北拒曹操的战略。于是，吕蒙便上书孙权，想要先夺荆州，再派征虏将军孙皎守卫南郡，潘璋守住白帝城，蒋钦率领游兵万人，巡行长江中下游，哪里有敌军就在哪里应对，以声势制敌，乘机夺取关羽的地盘。

孙权接受了他的建议，然而，关羽知道吕蒙很会用兵，便把荆州布置得严严实实。

吕蒙见关羽防守严密，为了麻痹关羽，解除他的警惕心，便上书孙权说："关羽兴伐樊城，留下重兵把守要塞，是害怕我夺他的后方地盘。我想以生病为由，分一部分士兵回建业。关羽只害怕我，听说我走了，一定会撤出防守的兵力，全力增援作战部队。这样我们就可以乘他们毫无准备时突然进袭，那么南郡就可以攻下，关羽也就能捉住。"

孙权问他："那谁代替你呢？"吕蒙说："陆逊才智广博，有学有识，他可以承担这个重任。而且他并不出名，关羽一定不会把他放在眼里，一旦关羽放松警惕，我们就有机可乘了。"

孙权便让吕蒙回来治病，派陆逊去接替他的职务。过了几天，陆逊派人拜见关羽，送去了书信和礼物。信中对关羽大表倾慕之情，并表示自己年轻无能，不能对关羽有所效力，只希望他在此紧要关头能够加强防备，以防不测。关羽根本不把陆逊放在眼里，听说吕蒙回去治病了，他便无所忌惮地把原来防备东吴的军队都调到了樊城。关羽接收了于禁的投降士兵几万人，粮草供应不上，就把东吴湘关的粮仓给强占了。

孙权得知粮米被抢，就派吕蒙为都督，率兵向荆州进发，袭击关羽的后方。守卫公安的将军傅士仁、守卫江陵的南郡太守糜芳，在兵临城下之时，先后投降了吕蒙。因为他俩对关羽前线的军资供应未能全部到达，曾被关羽责备，并且关羽说过回去以后一定要治罪，这二人贪生怕死，又害怕面对威武严厉的关羽，于是索性投降了吴军。

关羽跟曹军前锋徐晃交战失利，包围圈被打破，只得撤走，但此时去襄阳的路隔绝不通。得知荆州失守后，向南撤退为时已晚。曹操方面虽然对关羽采取"存之以为权害"的策略，但关羽已没有力量再回去夺回荆州。

特别是当关羽派到江陵打听消息的人回来相互传告，都知家中平安，所给待遇比以前还好，军中斗志丧失殆尽，军士们纷纷离散。在内忧外患下，关羽带着200多人败走麦城。

孙权爱慕关羽的雄才，多次劝他投降，但都被关羽拒绝了，最后孙权只好把他杀了。关羽一生征战无数，也屡建功名，最后之所以落得个败走麦城、身首异处的悲惨结局，是其性格所致。刚愎自用、骄傲自大，使得士兵离心，特别是在处理同东吴的关系上，有勇无谋，轻敌自傲。正是因为关羽性格上的缺陷，才给对手以可乘之机，以致败亡。

有时候，盛气凌人和浅薄、庸俗是同义词，只看到自己的能力时，就会轻视对手，辨不清现实的方向。所以，人在立身处世之时，一定要放低姿态，戒骄戒躁，只有这样才能保持清醒的头脑，走稳人生之路。

第六章

大事不能含糊，
小事不妨难得糊涂

恰到好处，才是最好

量变引发质变。有时候，把一件事情做到极致，反而达不到想要的效果，凡事太过钻牛角尖，有可能把自己逼入死胡同。

国际管理集团（IMG）公司有一位精力旺盛的女业务代表，负责在高尔夫球及网球场上的新人当中发掘明日之星。美国西海岸有位年轻的网球选手，特别受她重视，这位女业务代表决定邀请对方加盟她的公司。

从此，纵使每天在纽约的办公室忙上12个小时，她依然不忘时时打电话到加州，关心这位选手受训的情况。这位网球选手到欧洲比赛时，她也会前去探望，为他打理一切事务。也经常忙得睡不好觉，飞来飞去记录这位网球选手的状况。

一次，那位年轻选手参加法国公开赛。按原订日程，这位女业务代表不需出席这项比赛，但是为了保持与那位年轻选手的关系，她努力去说服她的主管。主管勉强答应，但条件是，她得在出发前把一些紧急公务处理完毕。结果她又是几个晚上没合眼。

抵达巴黎的当日，在一场为选手、新闻界与特别来宾举行

第六章　大事不能含糊，小事不妨难得糊涂

的晚宴上，她依旧盯着那位美国网球选手，并且像个称职的女主人，时时为他引见一些要人。当时正是瑞典网球名将柏格独领风骚的年代，柏格刚好是她公司的客户，又是那名年轻选手的偶像，很自然地她便介绍他俩认识。柏格当时正在房间一角与一些欧洲体育记者闲聊，这时，她与那个年轻选手迎上前去。当对方望向这边时，她说："柏格，容我介绍这位……"天哪！她居然忘了自己最得意的这位球员的姓名！

后来，那位年轻选手成了世界名将，但他与 IMG 公司再也没有关系。

这位女业务代表的确令人钦佩，如果运气好，碰上一个懂事的小伙子，她的失误也不算是什么大的失误，因为在那种情况下，只要那位网球选手自我介绍一下就没什么问题了，不计较，同样也没有什么事。但她过于细致的工作，对服务对象过于关注，造成了目前这种局面。

在现实生活中，许多人往往不能控制自己的情绪，想"糊涂"却难"糊涂"，有时候过分认真、专注于一件事情，并且遇到不顺心的事，要么"借酒消愁"，要么"以牙还牙"，更有甚者，因想不开而轻生厌世，这都是错误的做法。

那么，怎样才能在该糊涂的时候做到糊涂呢？

首先，**要学会理智处事**。沉不住气时反复提醒自己要以理智的心态来控制自己的感情。

其次，**要学会苦中求乐**。擅于寻找乐趣，多参加一些自己感兴趣的活动，把生活安排得丰富多彩，让自己活得有滋有味。

再次，**要学会广交朋友**。遇到挫折、失败之事，不妨找知心朋友谈谈心。

最后，**要学会巧妙地应付各种复杂多变的环境**。保持心理平衡，维护身心健康。

人生在世，能做到精益求精固然很好，但过分专注难免顾此失彼。过分苛责自己实在没必要，累的时候休息一下，感到舒服的时候就停在这里。恰到好处，才是最好。

形醉而神不醉，外愚而内不愚

若愚者，即似愚也，而非愚也。所以"若愚"只是一种表象、一种策略，而不是真正的愚笨。在"若愚"的背后，隐含的是真正的大智慧、大聪明、大学问。真正具有大智慧、大聪明的人往往给人的印象总是有点儿愚钝，所以才有了"大智若愚"这个带有很深哲理意义的成语。

是糊涂一些好呢，还是清醒一些好呢？一般的答案是后者。可糊涂学却提倡前者。例如，电视剧《九品芝麻官》中，包龙星自幼家贫，但他有志要像先祖包公一样做个明镜高悬的清官。龙星长大后，亲戚们出钱给他捐了个候补知县，就是个九品芝麻官。龙星看似懒散糊涂的外表下有其他人难以企及的智慧,每断奇案,深受百姓爱戴。这便是外表糊涂、内心清楚的生活智慧。

当然,如果一个人内心本来很清楚,却让他在表面上装糊涂,这确实是件很困难的事,非有大智慧者不容易办到。而做到了这一点,就是所谓的"清楚之糊涂"了。

"大智若愚"不是装疯卖傻,不是装腔作势,也不是故作浅显、故作玄虚,而是待人处世的一种方式、一种态度,即遇乱不惧、受宠不惊、受辱不躁、含而不露、隐而不显,凡事心里都一清二楚,而表面上却显得不知、不懂、不明、不晰。

三国时期的司马懿,本来是个老谋深算、聪明绝顶的人,却总喜欢装糊涂。当年他在五丈原,凭借一套大智若愚、软磨硬泡的功夫,终于拖垮了老对手诸葛亮,居功至伟,在朝廷也权倾一时。正因为功高震主,少不得引来同僚的妒忌和朝廷的猜疑。这种情况下,司马懿干脆装起糊涂来,以病重为由长期在家休假,给人制造一种他行将就木的假象。但他的政敌们还是不放心,派了一个人以慰问病情为由刺探司马懿的虚实。司马懿干脆将计就计、顺水推舟,真的装出一副日薄西山、气息奄奄、病入膏肓的样子。在司马懿的策划下,来人果然被蒙骗了过去,回去就说司马懿病势沉重,将不久于人世。于是司马懿的政敌们终于放松了警惕,就在这个时候,司马懿暗中培植羽翼、广罗亲信,神不知鬼不觉地布置自己的两个儿子抓住了京师禁军大权。后来瞅准了时机,发动了"高平陵之变",几乎将曹家的势力一网打尽。至此,魏国军政大权尽数落在司马氏手中。

你看,一个人充分运用糊涂学的技巧,会有很多意想不到的收获,也不失为保全自己的手段。细数古今中外,无论是政治、军事、外交、管理,其实都用得着"清楚之糊涂"的招数。所以对聪明人来说,正确的态度应该是什么呢?那就是"该清楚时就清楚,偶尔也要装糊涂"。这也是一种出色的人生智慧。

糊涂是对生活的融通

将"糊涂学"活学活用到生活中,也就是"睁一只眼,闭一只眼"。对有些事情来言,你好像已经看见了,好像又没有看见。

很久以前,土豆还不是世界各地都种植的植物。法国有位聪明而又热心的农学家,在德国吃了一次土豆,就很想在自己的国家推广种植这种作物,但他的热心宣传却得不到回报,没人相信他的话。当时法国的医生甚至认为土豆有害于人的健康,有的农学家断言种植土豆会使土地变得贫瘠,宗教界称土豆为"鬼苹果"。聪明的人是不会轻易放弃的,这位一心推广土豆种植的农学家,终于想出了一个新点子。在国王的许可下,他在一块出了名的低产田里栽培了土豆,由一支身穿仪仗队服装的国王卫兵看守,并声称不允许任何人接近它、挖掘它。但这些士兵只在白天看守,晚上全部撤走。人们由于好奇,晚上都来挖土豆,并把它栽到自己的菜园里。这样,没过多久土豆便在法国推广开了。

这个推广方法的成功,得益于智慧和心理的巧妙结合。如果直接向人们推广说土豆好,人们是不会接受的,如果由国王种植,又有卫兵看守,暗示的情境意义即:这是贵重物品。由此诱发了人们占有的欲望,再加上栽种后的亲自品尝与体验,确信有益无害,就会完全接受这种作物。这里交际情境的魅力,就在于利用了人们的好奇心理,睁一眼,闭一眼,创造了一个让人们接触土豆的契机,所以产生了预期的效果。

生活中也是这样。俗话说得好:人无完人。每个人都有自己的缺点和不足,在人与人的交往中,如果我们总是睁大眼睛,就像显微镜似的观察、计较别人的缺点和不足,那么,我们永远不会满意对方,我们会嫌弃、厌恶别人,就处理不好与同学、同事、朋友、亲人、爱人的关系,会破坏团结,会失去朋友,甚至失去亲人和爱人。如果我们以一份宽容的心看待别人的缺点和不足,给别人一份信心,给自己一份轻松,生活就变得可爱多了。

在生活中,糊涂不等于马虎,糊涂是一门学问,需要倾注大量的文化情愫进行长年累月的修炼之后才能自然流露。

会吃亏是比金钱更值得珍视的财富

日常生活中有很多人、很多时候因不吃小亏,反而吃了看不见的大亏,正所谓"捡了芝麻,丢了西瓜"。其实,如果想顺利解决这些小事情,办法只有一个,以"吃点小亏"当作自己做人的原则,凡事多谦让,就万事大吉了。

吃亏是福关键在于心,在于不计较得失。在生活中,懂得吃亏的人才是真正的智者。对于生活中由于争端而吃点儿亏,最好的做法是"大事化小,小事化了"。因为每个人都会有不顺心的时候,但你能在这个时候尽量忍让,不惹事端,多考虑对方的感受,多感谢他们平时对自己的帮助和支持,这才有助于以后工作的开展。

有一个年轻人,在他28岁那年就被选为银行总裁一职,他与股东会议主席(也就是前任的总裁)谈话时问道:"多亏您的帮助,我才被指定担当总裁职务,这真是一个艰巨的任务。希望您能根据自己多年的经验,给我一些建议。"年长的前任总裁看着坐在自己面前的新总裁,很快以六个字作为回答:"做正确的决定。"年轻的总裁期望得到更进一步的回答,便继续问道:"您的建议很有帮助,我非常感激。但是您能否说详细一点儿?我真的很需要您的帮助以做正确的决定。"这个充满智慧的老人回答:"经验。"新总裁又问:"没错,那正是我今天出现在这里的原因。

第六章 大事不能含糊,小事不妨难得糊涂

我不具有我所需要的经验,我该如何获得这些宝贵的经验呢?"老人笑着以简洁的语气回答:"错误的决定。"

亡羊补牢,未为迟也,谁都有疏忽大意的时候,谁都有这样那样的缺点和错误,第一次吃亏并不可怕,关键是我们要面对错误,吸取教训,找出吃亏的原因,这才是我们以后取得成功的最有力的保障和工具。

在工作中,有些责任分得不是很清,谁多做?谁少做?如果大家都想占便宜,那肯定有许多事情就没有人去做,这样的结果是你们这个集体的名誉受到影响,真所谓占小便宜吃大亏;如果大家都不怕吃亏,有什么事情都抢着做,也许这次你吃亏了;也许下次他吃亏了,但是,工作都完成了,集体荣誉有了,大家感情融洽了,工作氛围好了,相比下来,虽然吃点儿小亏;但还是收获了"福"。

朋友相处也是这样,如果都想着占对方的便宜,也许你会得逞一两次,可是时间久了,你们还会是朋友吗?虽然"为朋友两肋插刀"是常人难以达到的境界,但因为偶尔的吃亏,得到一辈子的好友,这难道不是福吗?

对待家人也是如此,亲人心甘情愿地吃亏,做子女的也不能理所当然地占这个便宜,要体会亲人的一份真情,同时,你也要能为家人吃亏,大家都让三分,还会有什么家庭矛盾,这难道不也是福吗?

不是聪明得太快，而是糊涂得太迟

生活中往往有许多意想不到的事情，如果事事认真求全，往往会在心里产生少许挫折感，折中一下比较好。折中，能促成完满的人际关系，化解各种矛盾。

晚清名臣张之洞曾任山西巡抚，即将启程时，有一个山西籍富商、泰裕票号的孔上司，表示要送一万两银子给他。他对张之洞说，他深知张之洞为官清廉，手头并不宽裕，出于对张之洞的敬慕，他送"一点薄礼"是为张之洞解决些差旅费。

张之洞当时婉言谢绝了孔上司的好意。可是当他来到山西，考察了当地的情况之后，深为山西罂粟的种植之多而震撼，他决心铲除山西的罂粟，让百姓重新种植庄稼。而改种庄稼，需要帮助百姓买耕牛、买粮种，但山西连年干旱、歉收，加上贪官污吏的中饱私囊，拿不出救济款发放给老百姓。他深感世事多艰，有时太坚持原则会把人难死，他决定向商号上司发起募捐。这时，他第一个想到的就是孔上司。

他想，孔上司很有实力，他拿银子贿赂自己，无非为了日后得到关照。如果说服孔上司把银子捐出来，为山西的百姓做善事，以银子换美名，他或许会同意。

经过商谈，孔上司表示愿意拿出五万两银子，但前提是满足他的两个愿望，第一个愿望是请张之洞在他票号大门口的匾上题

第六章 大事不能含糊，小事不妨难得糊涂

写"天下第一诚信票号"八个字；第二个愿望是张之洞为他弄个"候补道台"的官衔。

刚开始张之洞觉得孔上司的这两个条件都不能答应，第一，因为自己连泰裕票号诚信不诚信都不知道，又怎么能说它是"天下第一诚信票号"呢？第二，他向来讨厌捐官，认为捐官是一桩扰乱吏治的大坏事，自己厌恶的事自己怎么能做？！这个孔上司也太过分了，仗着有几个钱居然伸手要做道台！千千万万读书郎数十年寒窗苦读，到老说不定还得不到正四品的顶子呢！可是不答应他，又到哪里去弄五万两银子呢？没有这五万两银子，就没有五六千户人家的种子、耕牛，地里长的罂粟就不会被铲除，禁烟在这些地方就成了空话。

五万两银子毕竟不是个小数目，这对张之洞的诱惑太大了。经过反复思考，张之洞决定采用折中迂回的手段，答应为孔上司的票号题写"天下第一诚信"六个字，这跟孔上司所要求的那八个字相比，少了"票号"两个字，而意思上也有了很大的不同，因为"天下第一诚信"这六个字意味着：天下第一等重要的是"诚信"二字，并不一定是说他们泰裕票号的诚信就是天下第一。

至于他的第二个要求，张之洞反复想了很久，最后给自己找了一个台阶：一来，捐官的风气由来已久，不足为怪；二来，即使孔上司做了道台，他依旧要做票号生意，并不会等着去补缺，也就不会去抢别人的位置，所以对孔上司来说不过是得了个空名而已。第三，按朝廷规定，捐四万两银子便可得候补道台，孔上司要捐五万,已经超过了规定的数目,给他个道台的虚名,于情于理都不为过。为了五万两救民解困的银子,张之洞终于"说服"了自己,而孔上司最后也答应了张之洞的折中方案。

把事情办得周全,让各方人都舒服,才叫高明。张之洞做出这种折中的方案也有些无奈,但世事多艰,有几件事可以简单、顺利地办理呢?张之洞采取迂回的方式,借孔上司的钱改善民生,而孔上司也得到了名,并不违背大的原则,也无可厚非。

人们常称赞一举两得、两全其美的举措,是因为这些举措排除了触及各种人际关系后所产生的负面效果,直接达到了预期的目标。有人询问一位办事高手:"如何才能办好每件事?"高手答道:"也没有什么,只是折中罢了。"这"折中"二字可使我们在生活中受益良多。

在很多场合,很多人是不肯装糊涂的,并能拍着胸膛理直气壮地叫嚷:"我眼里揉不得沙子。"不肯放过每一个可以显示自己聪明的机会,张口就是应该怎样,不应该怎样,遇事总是喜欢先用一种标准来判断一下对与错,却总是费力不讨好,原因就是其不懂得难得糊涂的道理啊。

记住该记住的，忘掉该忘掉的

一起跑步的人，跟在后面的总会觉得累些；社会在不断发展，如果跟不上节奏就会觉得累；想干的事情很多，可是什么也没有做成，于是觉得累；睁开两眼历历在目，闭上双眸又不堪重负，看不到希望和光芒，于是感叹心累了。

心累到底是什么？是无可奈何花落去，是一人为更多的个人自由而付出的沉重代价。不到长城非好汉、对社会地位的渴望等，都会造成自身的不快，于是就有了心累的感觉。

人之所以会心累，就是追求得太多。人生在世，不可能事事如意。人之所以会心累，就是记性太好，该记的、不该记的都会留在记忆里。而我们又时常记住了应该忘掉的事情，忘掉了应该记住的事情。

心累的人，往往修养不够，没有一定的承受能力。硬要把单纯的事情看得很严重，把简单的东西想得太复杂，所以会很痛苦。

不快乐的人之所以不快乐，就是计较得太多。看到别人过得幸福，自己就有种失落和压抑感。

其实他们只看到了表面现象，或许快乐的人过得并不快乐。人的欲望是无止境的，人人都在追求高品质的生活，人人都想得到自己想要的东西，人人都在为了自己的目标忙碌着、奋斗着，得到了，就开心一时；得不到，就痛苦一世。

世界上没有完美无缺的东西，不完美其实才是一种美，只有在不断地争取、不断地承受失败与挫折时，才能发现快乐。

人之所以不知足，就是有着太多的虚荣心。俗话说，知足者常乐，但又有几个人能达到这样的境界？**人不是因为拥有的东西太少，而是想要的东西太多**。大千世界有着太多的诱惑，我们不可能不动心，不可能不奢望，不可能不幻想。

面对着诸多的诱惑，有多少人能把握好自己，又有多少人不会因此而迷失自己？但话又说回来，有了知足心，哪会有上进心？时代在发展，生活在继续，我们需要不断地去努力、去追求，如果只满足于现状，一味地沉浸在自己的知足里，那还有什么远大的理想和追求？

人之所以会心累，就是因为没有知足心。每个人对幸福的感觉和要求都不相同，一个容易满足、懂得知足的人就不会心累。有这样一句话："幸福就如一座金字塔，是有很多层次的，越往上幸福越少，得到幸福相对就越难；越是在底层越是容易感到幸福，越是从底层跨越的层次多，其幸福感就越强烈。"幸福其实就是一种期盼，一种心灵的感受。

人之所以会心累，就是因为想得太多。身体累不可怕，可怕的就是心累。心累就会影响心情，会扭曲心灵，会危及健康。其实每个人都有被他人所牵累、被自己所负累的时候，只不过有些人会及时地调整，而有些人却深陷其中摆脱不了。在这个充满竞争的社会里，有太多的难题和烦恼，要活得一点儿不累也不现实。所以要学会适应，把手里的东西放下，不必过分在意别人的看法，不要把别人的行为结果当作自己的追求目标。只有这样，才能体验到生活本身的意义与快乐。

不过一碗饭，不过一念间

人最难过的莫过于执着于一个念头，放不下，而心不安。若有一种办法能将其放下，则无论哪一种选择，安安心心地去做，总会有收获。

两个自觉过得不如意的年轻人，一起去拜师父："师父，我们在一家公司上班，工作很努力，可常常在办公室被人欺负，太痛苦了。求您开示，我们是不是该辞掉工作？"师父闭着眼睛，隔了半天，才吐出5个字："不过一碗饭。"就挥挥手，示意年轻人退下。两个人若有所悟，欣然地退下了。

回到公司，一个就递交了辞呈，返回家乡种田去了；另一个却依然坚守在公司。时光流转，岁月无情，转眼10年过去了。回家种田的那位年轻人成了农业专家，采用现代科学的方法经营管理，积极改良农牧业品种，已是名扬一方的大实业家了；另一个留在公司里的人也不差，他沉下心努力学习，渐渐受到公司的器重，已经成为主持一方工作的经理，不久将升迁到更高的职位。

有一天，两人想念师父的教导，去拜望师父。在门前两个人遇上了，都非常开心。农业专家说："上次师父说'不过一碗饭'这五个字，我一听就懂了，不过一碗饭嘛！何必待在公司受气？所以我辞职去开拓自己的事业去了。你当时为什么没有听师父的话呢？"

那位经理笑着说："我听了呀！师父说'不过一碗饭'，我想'不过为了混碗饭吃嘛'，老板说什么是什么，多受气，多受累，少赌气，少计较，不就行了吗？师父不就是这个意思吗？"

两个人见了师父，师父已经老了，仍然闭着眼睛，隔了半天，说出五个字："不过一念间。"然后挥挥手……

人生之旅要遇到很多关口，经历很多考验，诸如升学、就业、成家、疾病等，有顺境，更有险途和逆境。严格意义上讲，人的一生其实是一个不断经历磨炼和失误、遭遇失败和挫折，最终变得日趋智慧、日益成熟和走向成功的过程。很多时候，我们很认真、很积极、很努力地去计划、实践、经营某一件事情，原本信心百倍，结果却经常事与愿违，横在我们面前的是无法预见和想象的失败。而这失败，往往会给我们的心灵、精神带来很大创伤，在我们的心中刻下深深的印痕。失败的结果、颓废的情绪则又常常使我们不自觉地怀疑一切，怀疑自己的能力和判断力，甚至怀疑原本就存在的很多客观的条件和原因，怀疑人们的善良和世间的美好。当然，胜利和成功也常常会冲昏我们的头脑,我们更多的是为成功、胜利喝彩和沾沾自喜,很少去做心灵的盘点和更多的总结。而恰恰是失败的经历教给我们更多的东西。

所以,没有必要因为一点儿事而发生不愉快、争执或生气,因为那不过是一碗饭,不过是一念间而已。

洞明人生,难得糊涂

懂得"糊涂"、会随遇而安的人眼光远大、胸怀宽阔,把世间的一切变化都看得很平常、很自然。这样的人心理必然平衡,平时笑口常开,自然健康长寿,生活愉快幸福。

郑板桥写的"难得糊涂"字幅下,有他题的一行款跋:

"聪明难,糊涂难,由聪明而转入糊涂更难。放一着,退一步,当下心安,非图后来福报也。"

这行款跋,当是郑板桥对"难得糊涂"的解释,即对自己处世哲学的一种解释。

从字幅上标明的日子看,字幅写于乾隆十六年(1751),当时郑板桥正在山东潍县当知县。一向正直、率真、清正廉明的郑板桥在当时黑暗的官场上很吃不开,常常受到恶势力的嘲讽、刁难。他一面以嬉笑怒骂来抗争,一面又彷徨悲观,产生了出世思想。这时他的情绪是压抑、苦闷、孤独、自嘲、彷徨、悲观、痛苦交织在一起的，就是在这种情绪下，他写了"难得糊涂"的字幅，不久便辞官归隐。

这样，就可以明白款跋的意思了："聪明难"——要进取，要"众人皆醉我独醒"当然难；"糊涂难"——得过且过本来并不难，但一个一心想勤政执法、为百姓做事的人心中并不愿意这样做，因此也难；"由聪明而转入糊涂更难"——抗争不过官场的黑暗势力，又不愿昧着良心去"糊涂"，这种"聪明"之后的"糊涂"更难；款跋最后一句"放一着，退一步，当下心安，非图后来福报也"——在前面种种的"难"面前，只有小心从事、知进知退，才能不冒失、不惹祸，只求心里安宁，不求后世福报。

钟爱这句名言者大多为并不糊涂者。

然而，世界是庞大且纷繁复杂的，很多事情是处于混沌状态之中的，从新兴的前沿学科"混沌学""模糊理论""模数数学"及"模糊控制"可略见一斑。从这一角度来看，这里的"模糊"却又是大智慧的表现。是的，世界之大，世事之多，要想事事究其穷尽，人大概会很累。比如，做这件事情自己吃亏多少他人占便宜几何、某样东西该不该买、某件事情此时是否非得去做、某种钱该不该花、天气有点儿热窗户该在几时几分打开等，恐怕都会因时因地因人而有多种答案。何况，往往20年前看起来是挺合理的事情，今天看起来可能又不合理了；若千年前看起来是错误的事情，今天谈论它可能又觉得是一种情有可原的存在了，这样的事情还少吗？世界本来就是多元的，要想事事都有一个明确统一的标准也是不可能的。有个说法叫"因地制宜""因人制宜""与时俱进"——时过境迁、物是人非，这些都是颇能说明问题的。在某些问题上，真的应该"糊涂糊涂"，不然不仅活得太累，而且太愚蠢了。

事无巨细、斤斤计较、一律较真，表面看起来挺精明，殊不知实际上是大愚蠢，往往会因小失大。这样的例子举不胜举。

表面上看起来为人马马虎虎，什么事也不计较，和善易处，但遇原则问题毫不含糊、据理力争、有理有节，这是大智慧者，因大而弃小。

由是观之，难得糊涂是一种很智慧的为人处世之道，掌握起来真不容易，这才是"糊涂"之所以"难得"的原因。

第七章

玫瑰有刺，完美主义者也要接受瑕疵

不完满才是人生

一位名叫奥里森的人希望寻找到一个完美的爱人。某天他有幸遇到了一位女士,她告诉奥里森自己能帮他实现愿望,并把他带到了一所房子前让他选择。奥里森谢过了她,向隔壁的房间走去。里面的房间有两扇门,第一扇门上写着"终生的伴侣",另一扇门上写的是"至死不变心"。奥里森忌讳那个"死"字,于是便迈进了第一扇门。接着,又看见两扇门,左边写着"美丽、年轻的姑娘",右面则是"富有经验、成熟的妇女和寡妇们"。左边的那扇门更能吸引奥里森的心。可是,进去以后,又有两扇门。上面分别写的是"苗条、标准的身材"和"略微肥胖、体型稍有缺陷者"。用不着多想,苗条的姑娘更中奥里森的意。

奥里森感到自己好像进了一个庞大的分拣器,在不断地筛选着些什么。接下来看到的是他未来的伴侣操持家务的能力,一扇门上是"爱织毛衣、会做衣服、擅长烹调",另一扇门上则是"爱打扑克、喜欢旅游、需要保姆"。当然爱织毛衣的姑娘赢得了奥里森的心。

他推开了选择的那个把手,岂料又遇到两扇门。这一次,令人高兴的是，介绍所把各位候选人的内在品质也都分了类，两个门分别介绍了她们的精神修养和道德状态："忠诚、多情、缺乏经验"和"天才，具有极高的智力"。

奥里森确信，他自己的才能已能够应付全家的生活，于是，便迈进了第一个房间。里面，右侧的门上写着"疼爱自己的丈夫"，左侧的门上写着"需要丈夫随时陪伴她"。当然奥里森需要一个疼爱他的妻子。接下来的两扇门对奥里森来说是一个极为重要的抉择：上面分别写的是"有遗产，生活富裕，有一幢漂亮的住宅"和"凭工资吃饭"。理所当然地，奥里森选择了前者。奥里森推开了那扇门，天啊……已经上了马路了！一位身穿浅蓝色制服的门卫向奥里森走来。他什么话也没有说，彬彬有礼地递给奥里森一个玫瑰色的信封。奥里森打开一看，里面有一张字条，上面写着："您已经'挑花了眼'。"

人不是十全十美的。在提出自己的要求之前，应当客观地认识自己。像奥里森那样渴求人生的完美，不仅给自己的心灵带来沉重负担，也是"不可能完成的任务"。其实人生当有不足才是一种"圆满"，因为不完美才让人们有盼头、有希望。古人常说人生不如意事十之八九，聪明的人应该明白这个道理。

古时候，一户人家有两个儿子。当两兄弟都成年以后，他们的父亲把他们叫到面前说："在群山深处有绝世美玉。你们都成年了,应该做探险家,去寻求那绝世之宝,找不到就不要回来。"兄弟俩次日就离家出发去了山中。

大哥是一个注重实际不好高骛远的人。有时候,发现的是一块有残缺的玉,或者是一块成色一般的玉,甚至那些奇异的石头,他都统统装进行囊。过了几年,到了他和弟弟约定会合回家的时间。此时他的行囊已经满满的了,尽管没有父亲所说的绝世完美之玉,但造型各异、成色不等的众多玉石,在他看来也可以令父亲满意了。

随后来的弟弟,两手空空,一无所得。弟弟说:"你这些东西都不过是一般的珍宝,不是父亲要我们找的绝世珍品,拿回去父亲也不会满意的。我不回去,父亲说过,找不到绝世珍宝就不能回家,我要继续去更远更险的山中探寻,我一定要找到绝世美玉。"哥哥带着自己的那些东西回到了家中。父亲说:"你可以开一个玉石馆或一个奇石馆,那些玉石稍一加工,都是稀世之品,而那些奇石也是一笔巨大的财富。"短短几年,哥哥的玉石馆已经享誉八方,他寻找的玉石中,有一块经过加工成为不可多得的美玉,被国王御用为传国玉玺,哥哥因此也成了富豪。在哥哥回来的时候,父亲听了他介绍弟弟探宝的经历后说:"你弟弟不会回来了,他是一个不合格的探险家,他如果幸运,能中途所悟,明白至美是不存在的这个道理,是他的福气。如果他不能早悟,便只能以付出一生为代价了。"

很多年以后,父亲的生命已经奄奄一息。哥哥对父亲说要派人去寻找弟弟。父亲说:"不必去找了,如果经过了这么长的时间和挫折都不能顿悟,这样的人即便回来又能做成什么事情呢?"

世间没有纯美的玉,没有完美的人,没有绝对的事物,为追求这种东西而耗费生命的人,是多么不值啊!人也是如此,智者再优秀也有缺点,愚者再愚蠢也有优点。避免以完美主义的眼光去观察每一个人,以宽容之心包容其缺点。责难之心少有,宽容之心多些。没有遗憾的过去无法链接人生。对于每个人来讲,不完美是客观存在的,无须苛求,也无须怨天尤人。

苛求完美,生活会和你过不去

即使是全世界最出色的足球选手,10次传球,也有4次失误;最棒的股票投资专家,也有马失前蹄的时候。我们每个人都不是完人,都有可能存在这样或那样的过失,谁能保证自己的一生不犯错误呢?程度不同罢了。如果你不断追求完美,对自己做错或没有达到完美标准的事深深自责,那么一辈子都会带着罪恶感生活。

过分苛求完美的人常常伴随着莫大的焦虑、沮丧和压抑。事情刚开始,他们就担心失败,生怕干得不够漂亮而不安,这就妨碍了他们全力以赴地去取得成功。而一旦遭遇失败，他们就会异常灰心，想尽快从失败的境遇中逃离。他们没有从失败中吸取任何教训，而只是想方设法让自己避免尴尬的场面。

很显然，背负着如此沉重的精神包袱，不用说在事业上谋求成功，在自尊心、家庭问题、人际关系等方面也不可能取得满意的效果。他们抱着一种不正确和不合逻辑的态度对待生活和工作，他们永远无法让自己感到满足。

张爱玲在她的小说《红玫瑰与白玫瑰》中写了男主角佟振保的爱恋故事，同时也一针见血地道破了男人的心理以及完美之梦的破灭：白玫瑰有如圣洁的恋人，红玫瑰则是热烈的情人。娶了白玫瑰，白的便是衣服上沾的饭粒子，红的却是心口的一颗朱砂痣；娶了红玫瑰，久而久之，红的变成了墙上的一抹蚊子血，白的还是"床前明月光"。

事实上，世界上根本就没有真正的"最大、最美"，人们要学会不对自己、不对他人苛求完美，对自己宽容一些，否则会浪费掉许多的时间和精力，最终只能在光阴蹉跎中悔恨。

对每个人来讲，不完美的生活是客观存在的，无须怨天尤人。不要再继续偏执了，给自己的心留一条退路，不要因为不完美而恨自己，不要因为自己的一时之错而埋怨自己。看看身边的朋友，他们没有一个是十全十美的。

完美往往只会成为人生的负担，人绷紧了完美的弦，它就可能发不出优美的声音来。那些爱自己、宽容自己的人，才是生活的智者。

完美只是海市蜃楼的幻想

有这样一则可笑而又发人深省的故事。

有一位先生娶了一个体态婀娜、面貌娟秀的太太，俩人恩恩爱爱，是人人称羡的神仙美眷。这个太太眉清目秀，性情温和，美中不足的是长了个酒糟鼻子，好像失职的艺术家，对于一件原本足以称傲于世间的艺术精品，少雕刻了几刀，显得突兀怪异。

这位先生对于太太的鼻子终日耿耿于怀。一日出外去经商，行经贩卖奴隶的市场，宽阔的广场上，四周人声沸腾，争相吆喝出价来抢购奴隶。广场中央站了一个身材单薄、瘦小的女孩子，正以一双汪汪的泪眼，怯生生地环顾四周。

这位先生仔细端详女孩子的容貌，突然间，他被深深地吸引住了。好极了！这个女孩子的脸上长着一个端端正正的鼻子，不计一切，买下她！

这位先生以高价买下了长着端正鼻子的女孩子，兴高采烈，带着女孩子日夜兼程赶回家门，想给心爱的妻子一个惊喜。到了家中，把女孩子安顿好之后，他用刀子割下女孩子漂亮的鼻子，拿着血淋淋而温热的鼻子，大声疾呼："太太！快出来啊！看我给你买回来最宝贵的礼物！"

"什么样贵重的礼物，让你如此大呼小叫的？"太太狐疑不解地应声走出来。

"你看！我为你买了个端正美丽的鼻子，你戴上看看。"

这位先生说完，突然抽出怀中锋锐的利刃，一刀朝太太的酒糟鼻子砍去。霎时太太的鼻梁血流如注，酒糟鼻子掉落在地上，他赶忙用双手把端正的鼻子嵌贴在伤口处。但是无论他如何努力，那个漂亮的鼻子始终无法黏在妻子的鼻梁上。

可怜的妻子，既得不到丈夫苦心买回来的端正而美丽的鼻子，又失掉了自己那虽然丑陋但是货真价实的酒糟鼻子，还受到无端的刀刃创痛。而那位丈夫的愚昧无知，更叫人可怜！

这个故事虽然让人觉得有些可笑，但是人们追求完美的心理却与文中那个手拿利刃的丈夫如出一辙。有些人以为自己追求完美的心理是积极向上的表现，其实他们才是最可怜的人，因为他们是在追求不完美中的完美，而这种完美，根本不存在。也就是说，他们所有的追求如海市蜃楼，只是一个幻影而已。

人生确实有许多不完美之处，每个人都会有这样那样的缺憾，真正完美的人是不存在的，即使是中国古代的四大美女，也有各自的不足之处。历史记载，西施的脚大，王昭君双肩仄削，

第七章 玫瑰有刺，完美主义者也要接受瑕疵

貂蝉的耳垂太小，杨贵妃还患有狐臭。道理虽然浅显，可当我们真正面对自己的缺陷、生活中不尽如人意之处时，却又总感到懊恼、烦躁。

绝对的光明如同完全的黑暗

人人都热爱光明，但绝对的光明是不存在的。如果真出现了绝对的光明，那也就无所谓光明与黑暗了，人们将如同在绝对的黑暗中一样。因此，万事都有缺陷，没有一个是圆满的。人世间做人做事之难，也在于任何事都很少有真正的圆满。但正是有这种不完满的存在，我们才有了丰富多彩的人生。

我们可以这样说，人生的剧本不可能完美，但是可以完整。当你感到了缺憾，你就体验到了人生五味，你便拥有了完整人生——从缺憾中领略完美的人生。

人生在世，起初谁都希望圆满：**读书能上自己理想的学校，念自己喜欢的专业，做自己擅长的工作，娶（嫁）自己中意的人**……然而，我们绝大多数人经历的也许是这样的生活：上了一个还不错的学校，学了一个不算讨厌的专业，干了一份糊口的工作，和一位还说得过去的人相伴一生。与原来的设定难免会有悬殊，无论是王侯将相还是凡夫俗子，所有人的人生都会有遗憾，都不会圆满。完美永远只存在于我们的想象中，它是我们的愿

望,但却不好实现。

有时候,一时的丰功伟绩,从历史的角度看,却恰恰相反。乾陵有一块"无字碑",也称丰碑,是为女皇武则天立的一块巨大的无字石碑。据说,"无字碑"是按武则天本人的临终遗言而立的,其意无非功过是非由后人评说。武则天辉煌一时,临终前在经历了被逼退位之后,便预见到她身后将面临的无休止的荣辱毁誉的风风雨雨。所以做人做事,不管成功与失败,做到没有后患的,只有最高智慧的人,普通人不容易做到,这就是人生在世的最高处。

世上难有真正的圆满,不妨换个角度来看一时的缺陷与失落。刘墉写过这样一则故事。

他有一个朋友,单身半辈子,在50岁时结了婚,新娘与这位朋友年龄差不多,半老徐娘,风韵犹存。只是知道的朋友都窃窃私语:"那女人以前是个演员,嫁了两任丈夫都离了婚,现在不红了,又嫁了他。"话不知道是不是传到了他朋友耳朵里。

有一天,朋友跟刘墉出去,一边开车,一边笑道:"我这个人,年轻的时候就盼着开奔驰车,可那时候没钱买不起。现在呀,还是买不起,只好买辆二手车。"他开的确实是辆老车,刘墉左右看着说:"二手?看来很好哇!马力也足。"

"是啊!"朋友大笑了起来,"旧车有什么不好?就好像我太太,前面嫁了个四川人,后来又嫁了个上海人,还在演艺圈20

第七章 玫瑰有刺，完美主义者也要接受瑕疵

多年，大大小小的场面见多了，现在老了，收了心，没了以前的娇气、浮华气，却做得一手四川菜、上海菜，又懂得布置家。讲句实在话，她真正最完美的时候，反而都被我遇上了。"

"你说得真有理。"刘墉说。

"是啊！"他拍着方向盘继续说道，"其实想想自己，我又完美吗？我还不是千疮百孔，有过多少往事、多少荒唐？正因为我们都走过了这些，所以两个人都成熟，都知道让，都知道忍了，这种'不完美'正是一种'完美'啊……"

"不完美"正是一种"完美"！我们老了后，总会隔一阵子就去看医生，来修补我们残破的身躯，我们又何必要求自己拥有的人、事、物，都完美无瑕、没有缺点呢？

我们每一个人的生命，都有一个缺口，虽然你不想要这个缺口，但是这个缺口却如影随形地跟着你。人生就像是一个残缺不全的圆，没有一个人的生活是圆满的，也许正是因为认识到了每个生命都有欠缺，所以我们的人生才因此而更加美丽。正如美神维纳斯的断臂，她的存在和闻名世界不能不说是一个意外。创作者的最初意图显然是要塑造一个完美的塑像，哪个雕塑家会去追求一件残缺的艺术品来证明自己？然而，维纳斯的断臂则恰恰证明了残缺的美才是真正的美。

人生如远行，走哪一条路都意味着放弃另一条路。不同的人生道路留下不同的缺憾。犹如夜幕里蕴藏着光明，缺憾之中不仅

埋藏着逝去的青春和曾经的梦想，缺憾的背后还隐伏着许多生命的契机。

缺憾人生，使人类有了理想。理想，是一种可望而不可即的东西。或者说，就它的不能实现性而言才是理想。人生有缺憾，我们才有追求完美的理想和热情，也只有接受人生的缺憾性，我们才能真正理解和追求完美人生。

每个人在人生的旅途中，都会经历许多不尽如人意之事。偶然的失落与命运的错失本来是具有悲剧色彩的，但是因为命运之手的指点，结局反而会更加圆满。如果懂得了圆满的相对性，对生命的波折、对情爱的变迁，也就能云淡风轻处之泰然了。

人活一世，每个人都在争取一个完满的人生。然而，自古至今，海内海外，一个百分之百完满的人生是没有的，其实，不完满才是人生。正如西方谚语所说："你要永远快乐，只有向痛苦里去找。"你要想完美，也只有向缺憾中去寻找。所以得失荣辱我们大可不必放在心上，有了痛苦我们才会珍惜快乐的时光，有了不算完满的人生才称得上完美。

人生原来就是不圆满的，能够认识到这一点，我们便不会去苛求我们的人生，也不会去苛求他人。只有一个懂得接受的人才会更懂得去珍惜。

第七章 玫瑰有刺，完美主义者也要接受瑕疵

思想成熟者不会强迫自己做"完人"

莎士比亚说："聪明的人永远不会坐在那里为他们的损失而悲伤，却会很高兴地去找出办法来弥补他们的创伤。"

如果你做出行动还感到不好，改正错误还感到不快，考了99分还嫌不是100分，这样一定会"累"，这种情况必须要改善。

请瞧瞧你手中的红富士苹果，它们并不处处圆润，却甘甜润喉，再近一点看看牡丹，它上面也可能有一两个虫眼却贵气十足，令百花折服。花无完美，果无完美，何况人生！

思想成熟的人不会强迫自己做"完人"，他们允许自己犯错误，并且能采取适度的方式正确地对待自己的错误。

在这个世界上，谁都难免犯错误，即使是四条腿的大象，也有摔跤的时候。"**人要不犯错误，除非他什么事也不做，而这恰好是他最基本的错误。**"

反省是一种美德。不反省不会知道自己的缺点和过失，不悔悟就无从改进。但是，这种因悔悟而责备自己的行为应该适可而止。在你已经知错、决定下次不再犯的时候，就是停止后悔的最好的时候，然后，你就应该摆脱这悔恨的纠缠，使自己有心情去做别的事。如果悔恨的心情一直无法摆脱，而你一直苛责自己，懊恼不止，那就是一种病态，或可能形成一种病态了。

你不能让病态的心情持续。你必须了解它，一旦精神遭受太多折磨，有发生异状的可能，那就严重了。

所以，当你知道悔恨与自责过分的时候，要相信自己能够控制自己，告诉自己"赶快停止苛责，因为这是一种病态"。为避免病态具体化而加深，要尽量使自己摆脱它的困扰。这种自我控制的力量是否能够发挥，决定一个人的精神是否健全。

人人都可能做错事，做了错事而不知悔改，那是不对的；知道悔改，即为好人。所谓放下屠刀，立地成佛，过去的既已无可挽回，那么只有以后坚决行善才可以补偿。每个人都有缺点，这是为什么我们要受教育。**教育使我们有能力认识自己的缺点并加以改正，这就是进步**。但在知道随时发现自己的缺点并随时改正之外，更要注意建立自己的自信，尊重自己的自尊。

有人一旦犯了错误，就觉得自己样样不如人，由自责产生自卑，由于自卑而更容易受到打击。经不起小小的过失，受到了外界一点点轻侮或遇到了任何一件小挫折，都会痛苦不已。

人缺少了自信，就容易对周围环境产生怀疑与戒备，所谓"天下本无事，庸人自扰之"。面对这种"无事自扰"的心境，好的方法是努力进修，勤于做事，使自己因有进步而增加自信，因工作有成绩而增加对前途的希望，不再做无益的回顾。

进德与修业，都能建立一个人的自信心和荣誉感。对自己偶尔的小错误、小疏忽，不要过分苛责。

自尊心人人都有，但没有自信做基础，就会使人变为偏激狂傲或神经过敏，以致对环境产生敌视与不合作的态度。要满足自尊心，只有多充实自己，使自己减少"不如人"的可能性，而增加对自己的信心。

做好人的愿望当然值得鼓励,但不必"好"到一切迁就别人,凡事委屈自己,更不能希望自己好到没有一丝缺点,而且发现缺点就拼命"修理"自己。一个健全的好人应该是该做就做,想说就说,一切要求合情合理之外,如果自己偶有过失,也能潇洒地承认:"这次错了,下次改过就是。"不必把一个污点放大为全身的不是。

玫瑰有刺,完美主义者也应接受瑕疵

当我们不再注意自己是否完美时,或许有一天我们会惊喜地发现往日渴求的完美,今天已经不重要了。

奥利弗·万德尔·劳尔姆斯认为罗斯福"智力一般,但极具人格魅力"。罗斯福之所以能当上美国总统,带领美国走出经济萧条,在第二次世界大战中成为真正的赢家,与他积极乐观的性格有着极大的关系。

罗斯福其貌不扬,在智力上也没有过人之处,因此他小时候是个怯懦的孩子。当他在课堂上被叫起来背诵时,总是一副大难临头的样子,呼吸急促,嘴唇颤抖,声音含混不清,听到老师让他坐下,简直如获大赦。通常,像他这种先天禀赋较差的孩子大多是敏感多疑、落落寡合的。但罗斯福却不甘做一个生活的失败者，他没有因为同学的嘲笑而失去勇气，当他在公众面前双唇发抖时，他总是暗中激励自己，咬紧牙关，尽力克服这一毛病。

罗斯福无疑是一个了解自己、敢于面对现实的人，他坦然承认自己的种种缺陷，承认自己不勇敢、不好看，也不比别人聪明，但他并不因此而消沉、自卑，凡是他意识到的缺点他都尽力克服，用行动证明先天的缺陷并不能阻碍他走向成功。例如，他深知作为一个总统，在公众心中的形象有多么重要，他学会了在说话时改变口型来修饰自己的龅牙。

罗斯福用他的勇敢与才华征服了世界，从此历史上多了一位自信而从容的总统，少了一个自卑、颓丧的少年。

生活里许多人有缺陷，来自身体或外貌，但只要你把"缺陷、不足"这块堵在心口上的石头放下来，充分发挥自己的长处，照样可以赢得精彩人生。正如清朝诗人顾嗣协说："骏马能历险，犁田不如牛；坚车能载重，渡河不如舟。舍长以取短，智者难为谋；生财贵适用，慎勿多苛求。"

不要总把自己与别人比较，更不要拿自己的弱势和别人的强势比较，这样会越看自己越不值钱。不完美并不可怕，可怕的是那些失落感、无助感、挫败感，甚至一时丧失对生活的信心。

朋友如音乐，也有觉得刺耳的时候

《包法利夫人》的作者是 19 世纪法国批判现实主义作家福楼拜，他的家当时坐落在摩里略镇，是同时代法国作家龚古尔、都德、莫泊桑、梅里美等利用星期日经常聚会、讨论的地方。

后来，福楼拜家的客厅里又多了一个新面孔，他就是被称为"小说家中的小说家"的屠格涅夫，他的小说语言纯净优美，结构简洁严密。作品充满诗意的氛围和淡淡的哀愁，给人无尽回味。都德见到了侨居法国的屠格涅夫后，向他倾诉了自己对他的才华、人品的无限仰慕，以及对《猎人笔记》的高度赞赏。

自此，俩人结下了深厚的友谊。屠格涅夫甚至成了福楼拜家里的常客。然而，屠格涅夫并不因为他们之间的友谊而改变他对都德著作的评价。在他看来，都德是他们圈子里"最低能的一个"，但他只把这个看法作为内心的一个秘密写进心爱的日记里。

1833 年，屠格涅夫因脊髓癌病逝了。当都德无意间发现了这个秘密时，感到万分意外，就像迎头挨了一记闷棍，他感慨地说："我始终记得他在我的家里，在我的餐桌上，怎样温柔热情地吻着我的孩子们的事，我还收藏着他写给我的无数亲切可爱的信件。但在他的那种和蔼的微笑下却隐藏着这样的意念。天哪！人生是怎样地奇怪，希腊人的所谓'冷酷'二字是多么地真实！"

这种友情的幻灭当然使都德很伤心，但在屠格涅夫方面，却并无他的不是处。因为他将友情和作品分离了，他对都德，甚至对他的孩子有友情，但是不满意都德的作品，所以才在背后说出那样的话，如果不是为了友谊，屠格涅夫也许当面就向都德说了。这样一来，都德早就和屠格涅夫绝交。

能力和才华不是选择朋友的最高标准，只要投缘，只要够朋友，这些就显得不重要了。再好的朋友也不可能让你处处满意。那就让你的不满成为内心的秘密吧，因为朋友知道后，也许会离开你，那样会使你更加痛苦。

在参加《新青年》的编辑工作时，鲁迅认识了刘半农，并和他成了好朋友。对刘半农的为人，鲁迅极为赞赏，认为他勇敢、活泼、对人真诚，用不着提防。但同时，鲁迅也发觉他有些"浅"。将刘半农与陈独秀、胡适进行比较后，鲁迅说，刘半农虽浅，却如一条清溪；如果是烂泥的深渊呢，那就更不如浅一点的好。不料，如此热情洋溢的评论却伤害了刘半农。对刘半农的这种自卑心理，鲁迅表现出了明显的憎恶。但他说："这憎恶是朋友的憎恶。"

对友人开口之前，我们要三思，但一言既出，就坦然面对吧。从另一方面来说，这也是对彼此交情的一种检验，连几句话都承受不了的交情，毕竟是脆弱的。

所以，朋友也不是十全十美的，所有的朋友也都不是你想象的那个样子，既然是朋友就得包容他，理解人与人之间的不同，不要对朋友要求太高。

过度挑剔不如充实自己

他是一位咖啡爱好者，立志将来要开一家咖啡馆。闲暇时间，他到处喝咖啡。除了品尝不同的咖啡之外，也看看各咖啡馆的装潢。

他和朋友去了很多个咖啡馆，可每当朋友问他："怎么样，这家店的咖啡口味还不错吧？"

他总是淡淡地说："没什么！"

朋友继续问："店面的装潢呢？"

他还是回答："没什么！"

以后的日子里，朋友陆续跟他到过不同的咖啡馆，品尝了不同口味的咖啡，"没什么"仿佛成了他的口头禅，对所有去过的咖啡馆，他的评价都是"没什么"，而且带着点儿不屑的语气。朋友心想：大概是他的品位太高了，这些咖啡馆提供的饮料及气氛都不如他的心意。

另外，有一位对西点蛋糕有兴趣的女孩。从前，她也常说："没什么！"她不但爱吃西点蛋糕，还利用空闲时间拜师学艺，到专业的老师那儿上课，学做西点蛋糕。刚开始学习的那段日子，她还是不改本性，不论到哪里，吃到哪样西点蛋糕，都会给对方"五星级"的评价:"没什么!"标准之严苛,让大家觉得她挑剔得过火。过了半年,当她从"西点蛋糕初学班"结业之后,态度有了180度大转变,无论在哪里,品尝过谁做的西点蛋糕,她都很认真地研究里面的配方,用什么材料、多少比例、烘焙的步骤等。如果做西点蛋糕的师傅在场,她还会很好奇地向对方讨教、研究成功的关键技巧。朋友笑着对她说:"你变了。从前是说'没什么'现在是问'有什么'。"

"没错,没错,其实每一件事情一定都'有什么',差别只在于你有没有观察到它'有什么'而已。"

挑剔是人们的普遍心理,人们总感到这也不好,那也不如意,却又没有比别人更好的办法。如果放下对别人严苛的审视目光,改为通过各种途径来充实自己,做一个从"没什么"到"有什么"的转变,你会从别人身上发现更多值得称道的东西。

有一个自以为是的年轻人毕业以后一直找不到理想的工作,他觉得自己怀才不遇,对社会感到非常失望。痛苦绝望之下,他来到大海边,打算就此结束自己的生命。这时,正好有一个老人从这里走过。老人问他为什么要走绝路,他说自己不能得到社会的承认,没有人欣赏并且重用他。

老人从脚下的沙滩上捡起一粒沙子,让年轻人看了看,然后随便地扔在地上,对年轻人说:"请你把我刚才扔在地上的那粒沙子捡起来。"

"这根本不可能!"年轻人说。

老人没有说话,接着从自己的口袋里掏出一颗晶莹剔透的珍珠,也是随便扔在了地上,然后对年轻人说:"你能不能把这颗珍珠捡起来呢?"

"当然可以!"

听到年轻人的回答,老人点点头,转身走了。因为他相信这个年轻人虽然拾不起那粒沙子,但也会有奋斗的劲头。

在困难面前,人们很少检讨自己的行为,而是总在抱怨"千里马常有,而伯乐不常有",总会认为自己有才而无用武之地,却很少问一问自己,自己是一粒沙子还是一颗珍珠。沙子总会被淹没,而珍珠无论在哪里都会光彩耀人。有的时候,你必须知道你自己是一粒普通的沙粒,而不是价值连城的珍珠,若要使自己卓越出众,那你就要努力使自己成为一颗珍珠。

包容不完美,才有完美的心境

真正幸福的人生,难以圆满。"喜欢月圆的明亮,就要接受它有黑暗与不圆满的时候;喜欢水果的甜美,也要容许它通过苦涩成长的过程",人生总是"一半一半",在人生的乐、成、得、生中，包容不完美，才是真正完整的幸福。

"岂无平生志，拘牵不自由。一朝归渭上，泛如不系舟。"白居易在《适意》中这样表达过自己对自由生命的向往之情。自古以来，失意的文人墨客常常寄情于山水之间，希望能在游玩嬉戏的清逸洒脱中陶冶性情，驱除烦恼。闲来寄情山水，春鸟林间，秋蝉叶底，淙淙流水过竹林；四山如屏，烟霞无重数，荒径飞花桥自横。这般景象之中，也有叶的坠落，花的凋零，但置身其中却能拥有平和的心境。

很多人执着于追求完美的人生，凡事要求完美固然很好，以示精益求精，但星云大师却给世人以警醒：**有的人因小小的缺陷而全盘否定人生的意义，有的人因为小小的遗憾而将手中的幸福全部放弃，这样追求完美，有时反而因噎废食，流于吹毛求疵，不管于自己还是于他人，都是一种不必要的辛苦。**

人生，永远都是有缺憾的。佛学里把这个世界叫作"婆娑世界"，翻译过来便是能容忍许多缺陷的世界。这个世界本来就是有缺憾的，如果没有缺憾就不能称其为"人世间"。在这个缺憾的世间，便有了缺憾的人生。因此苏东坡词曰："人有悲欢离合，月有阴晴圆缺，此事古难全……"这是人生的实相所在。

人生实相，就如一只飘摇的生命之舟，无所牵系，却有各种承载。小船向前行进的时候，苦与乐、爱与恨、善与恶、得与失、成功与失败、聪明与愚钝……纷纷从两侧上船，它们都是生命的必然伴侣。如此看来，生命是有缺陷的，我们不能只接受幸福的垂青，却把不和谐的因素完全屏蔽。

面对人生缺憾，星云大师主张该留有余地，他认为尽善尽美并不是绝对好，这与清人李密庵主张所谓"半"的人生哲学一样，都在告诫世人不要过度追求圆满。

"我走过阳关大道，也走过独木小桥。路旁有深山大泽，也有平坡宜人；有杏花春雨，也有塞北秋风；有山重水复，也有柳暗花明；有迷途知返，也有绝处逢生。"这是国学大师季羡林对自己人生的总结，他坦承自己的人生并不完美，但正是这种不圆满才是真正的人生。

在每个人心里都有追求完美的冲动，当他对现实世界的残酷体会得越深时，对完美的追求就会越强烈。这种强烈的追求会使人充满理想，但追求一旦破灭，也会使人充满绝望。这个世界上没有任何一种事物是十全十美的，或多或少总有瑕疵，我们只能尽最大的努力使之更加美好。所以，一个智者应该明白这个道理：凡事切勿苛求，与其追求那如镜花水月一般不可触及的完美，不如勤恳务实，这样才会活得更加快乐。

其实，人生也正是因为有所缺失才会有所获得，就如同一个残缺的木桶，虽然每次担水回家之后你都无法获得一整桶的水，但是某一天，当你再次从这条路上经过时，也许会发现路旁怒放的各色的小花，嗅到淡淡的花香。原来，一天、一月、一年，从残缺的木桶中滴落的泉水浇灌了路旁的草籽花粒，它们便在这残缺的遗憾中破土而出，带给你意外的美丽惊喜。

第八章

生活中计较少一点儿，
　快乐才会多一点儿

快乐的法则：少一点儿，多一点儿

人生变化多姿，有春夏秋冬、风花雪月，有悲欢离合、世态炎凉，我们无法逃避什么，因为要生存就必须面对现实。

也许你受了委屈而无处诉说，受了不公平的待遇而郁闷不乐，受了打击而失去前进的信心；你为自己办不到的事而内疚，想给家人买点儿什么却力不从心；你丢失过东西，你得罪过人，你伤过别人的心；你渴望被人爱慕、受人赞扬……也许你有太多的不如意，其实那都算不了什么，因为过去的事情不会重新来过，将来还需要付出更多，过去就让它过去吧。

人喜欢哭泣是因为有丰富的感情。无助时哭，幸福时也哭，泪水可以洗涤内心的迷茫和烦恼，但哭过后不要一蹶不振。**生活是不相信眼泪的，它只垂青热爱它的人。**

随着年龄的增长，出现在我们脸上那种发自内心的笑容似乎越来越少，仿佛年龄越大，快乐也越难以得到。

生长在新时代，我们可以不用再像父辈那样十几口人挤在那好不容易才分到的狭小并且未经装修的平房中，也不用担心这个月的粮票会不够用，出门的交通工具也早已由两个轮子的自行车变为四个轮子的公交车或私家小车，从这些迹象来看我们的生活水平无疑是提高了，按理来讲我们的快乐随着生活水平的提高本应成正比地增加，可现实却是我们越来越难以使自己快乐，越来越难以使自己会心地微笑。

小时候只要得到一块糖便很开心，现在一讲要开心却很难。于是我们不停地寻找，不停地为了心中认为的那份快乐而奔波、忙碌，周而复始，直至筋疲力尽、伤痕累累。

在这个灯红酒绿的繁华大都市，究竟什么才能让我们快乐呢？是高档的洋房别墅？是昂贵的小轿车？还是世界知名品牌的服饰？抑或是用不完的钱？以上这些想必是一些人努力工作、拼命赚钱的原动力，然而，拥有这些我们就真的快乐了吗？有谁能给出肯定的答案？答案是：没有。

快乐只是一种感受，这种感受可以不必来自跟金钱相关的任何东西，可以不是名车、洋房和大餐，它可以是饥饿时一顿可口的饭菜，也可以是口渴时一杯甘甜的水，更可以是工作上的一个提案被采用。快乐其实很容易，只要我们的欲望少一点儿、再少一点儿，那么你将会随时体会到快乐。

生活是一面镜子，你快乐它就快乐。烦恼和快乐是一对孪生姊妹，想得少一点儿就快乐，想得多一点儿就烦恼，我们选择什么样的生活完全掌握在自己的手里。

我们是平凡的人，当然就会有忧愁。有的人富有，快乐也好像不多，总担心人生苦短、爱人难寻，那是因为他们不懂得珍惜拥有的富足，如果他们想得少一点儿，就会快乐很多。

不要对自己太苛刻

我们总会遇到这样一类人，他们总说：这件事如果那样做就最好了！言下之意有无限的遗憾与惋惜。常听人讲，有钱难买早知道，世上没有卖后悔药的！但人们善良与美好的愿望是"美满"，这两个字说起来简单，做起来是不容易的。

《西游记》中有这样一幕：唐僧师徒取得真经归来，在通天河经历了最后一难，只因未完成老龟所托付的事而身坠河水之中。所有经文都打湿了，石头上晒的经书又撕破了，唐僧为此事痛心疾首，还是孙悟空道出了禅机：天地本不全，不全正应全之理。唐僧遂转悲为喜。

凡事都是对应的，像生与死、幼与老、全与缺、满与亏、成与败、悲与喜、有与无、强与弱、盛与衰、美与丑、爱与恨、长与短、深与浅……世上没有绝对的东西，只有相对的东西，都要顺其自然而存在，这个自然就是永恒的规律性，不要逆天行事，对自己也不应太过于苛刻，不要事事都去较真、较劲，没有哪个人一辈子都会走直路的。

第八章 生活中计较少一点儿，快乐才会多一点儿

一些人有着让琐事"变大变强"、威力无边的本事，任何一件小事都会被放大，从而滋生一种让自己厌烦和挫败的情绪：错过一次瑜伽课程，或者在钢琴练习时发挥不好，又或者朋友聚会的时候自己没有收拾得光鲜亮丽……这些都足以成为一个大漩涡的中心，将所有的挫败感和自我放弃都卷入进来。他们肯定也很想知道："为什么我把自己打扮不好？""为什么我要选择这样一份工作？"最后，又会回到本质问题上面，"为何我总是这么悲惨？"

这些人平常对他人是很客气的，却忍不住对自己过于苛刻——这样的想法的确有些不可理喻。但当意识到这一点的时候，他们反而会更加生气——既然都知道这些想法是愚蠢的，但是为什么就没办法让自己停下来，不去想这些呢？

世上再好的火车也不能永远都在轨道上行驶，人一生难免有出错的地方。世上没有十全十美的人生，带些残缺与遗憾或许才是最美的展现。

烦恼本是自家生

意大利文艺复兴的先驱、《神曲》的作者但丁说过："走自己的路，让别人说去吧！"一位贫困学生说："别人和我比父母，我和别人比明天。"我们与他人对比是为了找差距、找不足，以便

激励自己寻求超越自我的办法，引导自己不断走向成功，而不是和别人、和自己过不去，把时间和精力白白地耗费在阻碍、遏制别人的进步上，也不是把时间和精力白白地耗费在自我矛盾的内耗上。只有明白了这个道理，才能清楚自己为什么能胜于人或不如人的原因。

私心会引人走入迷茫的森林。一个人执着于自己所拥有的，沉迷在自己的成就中，那么，这个人已经迷失了自我。因为，自私自利往往会让我们身陷在无法摆脱的麻烦当中，大多数人将自己当作世界上最了不起的人、最不平凡的人，也正由于我们自觉了不起、不平凡，所以才过着烦恼不堪的日子。

没有智慧就不能主宰生命，拥有智慧的人，可以主宰自己的生命，然而我们却没有智慧，听人讲是非，立刻被左右，落入是非的观念中。对于好朋友所说的事，并未经过查证就信以为真，丝毫没有运用理性的分析、判断，仅凭感性的认同，因此，我们没有一个人真正拥有过自己。我们很容易受到别人的影响，就是因为我们没有智慧。

如果碰到任何事，只知一味责怪对方，那你必定会活得很痛苦。可若能即时承认自己不对，痛苦便会减少。遇到自己做得不对的事情时说："我不对""我不好""我道歉"，这样反而会比较快乐。假如事事都责怪别人，又怎么可能快乐呢？所以，适当地讲些"对不起""很抱歉""是我不对""我要好好反省"，你就会很快放下一些事。倘若一直责备对方，那你将永远无法逃脱痛苦的深渊，因为你的内心充满了攻击和伤害。

从生到死，我们一定会有逆境和痛苦，会有人一天到晚跟你过不去，也一定会有人支持你。因此，要多多体会缘起性空的道理，观空放下，自然能拥有既现实又超越的自在心境。

其实，一切烦恼都是自家生。在人生和事业的道路上，自己永远比自身以外的任何东西都更重要。懂得该干什么就干什么，把一切烦恼都抛掉，除去一切内耗和他耗，也许我们的内心就会平静很多，成功就会离我们更近一步。

切勿悲观，何必杞人忧天

有一个老先生经常失眠、不易入睡，所以医生嘱咐他，要服用安眠药，免得睡眠不足影响健康。

一天晚上11点，老先生在床上看电视时迷迷糊糊睡着了，睡得鼾声时起。此时，老太太用力摇了摇正熟睡的老先生，说："老伴啊！赶快起来！"

老先生揉了揉惺忪的睡眼，问道："怎么了？醒来做什么？"

老太太很开心地回答："医生不是特别吩咐你说，每天晚上要服用安眠药吗？你今天晚上还没有吃呢！"

还有这样一个故事：

有一个裁缝师傅，也经常失眠，所以白天时常精神不济，他的朋友见状，就告诉他，睡觉时试着"数绵羊"，大约数到"200"就可以睡着了。于是，这位裁缝师傅就答应晚上睡觉时试着"数绵羊"。

可是，隔天这裁缝师傅与朋友见面时，眼睛红肿，似乎又是失眠一夜，没睡好！

"你有没有数绵羊数到200啊？"朋友问。

"200？我数到4000时，眼看就快要睡着了，可是突然想到——4000只绵羊的毛剪下来，就可以纺织成1万码的毛料，而1万码的毛料，又可裁制成4000套的高级西装！我的老天，这4000套高级西装我要拿到哪里卖？要卖多久才能卖完？我一想到这个问题就头大，烦恼得一晚上都睡不着。"

人常常为许多事心烦，但是心烦的事不一定值得我们心烦，所以如果因为不该烦事而烦，就是"自找麻烦""自寻烦恼"。而且，如果对根本不必操心的事过度烦心和焦虑，则是"杞人忧天"，使自己陷入思绪的困境中。

有一个女儿对妈妈说："妈，我新认识的男朋友开车技术很棒噢！他开车只用一只手就可以，而且开得又快又安全！"

"啊？只用一只手？"妈妈满脸焦虑地问，"那他的另一只手在干什么？"

第八章　生活中计较少一点儿，快乐才会多一点儿

还有一位先生，常觉得压力很大，每天愁眉苦脸。他太太看了也心疼，总觉得丈夫的自我要求太高，所以常想不开。

后来，太太建议，不如一起出去度两个星期的长假，来改变心情，减轻压力。

在度假中，丈夫终于放松了心情，天天青山绿水、蓝天白云、鸟语花香，真是无拘无束，逍遥自在。

到了度假第十天的早晨，丈夫突然问太太："我很担心，我是不是真有问题——为什么我会觉得'无忧无虑'了呢？"

有时候人操心得太多，想得太多，就是"天下本无事，庸人自扰之"了。有些人就是放不下，常将许多重担扛在自己的肩上，而对父母来说，养育儿女也的确是一件累人的事，尤其是婴儿时期，经常半夜哭闹，难得安宁。

小杨就是这样，孩子出生后，自己晚上总是睡不好。太太一听到孩子哭叫，就推醒他："你赶快起来，看看宝宝怎么了？"

小杨受不了天天半夜起身哄孩子，就到书店买了一本《小儿夜嚎终结者》的书，花了两天时间把它读完。

当天晚上，宝宝哭闹时，小杨总算能"把握要领"，很有心得地"对症下药"，使小宝宝躺在小床上，又舒舒服服地睡着了。而小杨自己也很高兴，终于能安稳地睡一觉了。

可是睡到半夜，太太又紧张地把小杨推醒，说："快！你赶快

起来,看看我们的宝宝怎么不哭了?"

其实人都会有焦虑不安的时候,因为人生不如意事十之八九,但临危时不能慌乱失措,使自己陷入歇斯底里的困境中,更不能想得太多而"杞人忧天、庸人自扰"。

心理学家指出,人的"焦虑"来自本身的"不安全感"和"不确定性",因为有些人常抱持负面的"人性哲学观",所以对于事情的想法总是以"负面"的方式来思考,以致造成"心理压力太大""得失心太重"而焦虑不安。

毕竟,"过度的忧虑"并不能对现状有任何帮助,只会影响情绪,而使自己更软弱、更沮丧,或把自己弄得紧张、焦躁不安。

事实上,快乐与痛苦全在自己的一念之间,因此,具有情绪智慧的"EQ高手"都相信——只要有心、凡事乐观,即可"在地狱建造天堂"。相反地,凡事悲观、忧虑、焦躁,也可能"使天堂变成地狱"。

气是自己找来的

烦恼皆因"利己"生,所以要约束自己的"利己"之心。那么,如何约束呢?就是"少比较、少计较"。

比较是人的一种本性,也是一种客观存在。我们通过比较,来判别生存环境和条件，进而寻找到适合自己的。如果不比较，人类同样无法生存，无法延续。所以，比较是没有错的。

比较在前，计较在后。因为比较出现了差别，才会计较好坏得失。计较是源于"利己"的本性，也是一种客观存在，没有对错与好坏之分。

在婴儿时期，我们就已经会比较了。通过比较，我们来判断谁更关爱自己，谁更迁就自己，于是，我们就会更倾向于向谁讨取关爱和食物。

随着年龄的增长，我们开始比较自己的衣服，当别的小朋友比我们穿得好看，我们就会计较，就会难过。然后，比较的就更多了：比较学习成绩、比较老师关心的程度、比较朋友的多少、比较钱的多少、比较房子的大小、比较汽车的档次、比较爱人的长相、比较孩子的能干程度……人生就在这样的比较中一步一步走向黄昏。如果只是平静地走过人生，也是不错的。可比较之后，每每就要计较：我的钱凭什么比他的少？我这么能干，凭什么听他指挥？计较的结果是自己给自己找烦恼，自己给自己找气受。

有一天，一位大学生在网上说他已经失去继续活下去的勇气了。他说他家里很穷，自己也没什么本事，读的大学不是重点学校，学的专业不是热门专业，而且学得也不怎么好，毕业了恐怕连工作也找不到。

人生道路的确千差万别，但每一个人的人生都是丰富多彩的，只要努力了就都是无怨无悔的。100个人从青城山的同一条道路上山，是不是每一个人看到的风景都一样呢？肯定是不一样的。一是每一个人都看不全，二是每一个人看的角度都不一样，三是每一个人的心境都不一样，四是每一个人所遇到的天气或季节都不一样，那怎么可能看到完全一样的风景呢？

家里穷、读的学校不好等诸如此类的因素，其实都是在比较的过程中否定了自己、肯定了他人，从而陷入计较的痛苦之中。家里穷并不表明永远穷，自己没本事可能只是某些方面没本事，至于学校就更不该去计较了，哪个学校不出人才呢？

这位大学生终于认识到了自己人生中也有许多的闪光点，自己也有诸多值得肯定的地方。于是，他调整了心态，并找到了努力生活的信心和勇气。

比较和计较都是人的本性，是一种客观存在，一点儿都不比较、一点儿都不计较是根本不可能做到的。即使是那些得道高僧，也在计较"布施"的多少，计较悟道的深浅，计较功德的厚薄。所不同的是，修为很高的人，比较和计较都还没到招惹烦恼的程度。

一点儿不比较、一点儿不计较，不利于群体中个体的竞争，不符合"物竞天择"的自然法则。如果天下之人凡事都不在乎，这个社会也就不可能进步了——连继续存在下去的可能都没有了。

让忧愁远离你的生活

梁启超先生在《苦痛中的小玩意儿》一文中说："我在病榻旁边，这几个月拿什么事消遣呢？我桌上和枕边，摆着一部汲古阁的《宋六十家词》，一部王幼霞刻的《四印斋词》，一部朱古微刻的《疆村丛书》。除去我的爱女之外，这些'词人'便是我唯一的伴侣。"这是梁先生在老伴病重乃至逝世以后一段时间里消磨时光的方式。

读书可以开阔人的胸怀、平和人的心态、增长人的智慧、激发人的斗志、鼓舞人的勇气，从而让人摆脱狭隘偏见的困扰。一个有智慧的人，有知识才干的人，能够充分运用自己的智慧和知识解决问题、取得成功，从而让忧愁远离自己。

人的忧愁不外乎生离死别和利益得失两种。

家庭夫妻和睦、子女孝敬，系为善缘；夫妻反目、子女不孝，系为恶缘。人与人之间关系的好坏与此同理，不该计较。

做事情心中不能产生"贪""亏"二字。生离死别也要想开。亲人离你而去，节哀自重，人各有命。

所以说，酒让人忘忧，朋友为人解忧，书教人离忧。以酒避忧，避忧一时；以友排忧，排忧一事；以书离忧，离忧一生。

幸福趁现在，何必去预支明天的烦恼

烦恼和忧虑对人的健康危害特别大，"不要为明天而烦恼，因为明天自有明天的烦恼"。

人不要总是处于回忆之中，去做、去实践就行了，越是简单的生活，反而越是快乐。另外，个人爱好可以转移注意力。人何必在无所谓的事情中浪费自己的生命和快乐呢？去投入地做点儿自己喜爱的事情，可以排解心中的不快。如果每天都能保持一份好心情，那么，我们每天都是快乐而充实的。

当人的身体处于亢奋状态，一般不会生病。心理学中有一种说法：人们如果带着某种心情，往往能帮助他们真的获得这种感受——在困境中有自信心，在不如意时保持快乐。心理学家艾克曼的实验告诉我们，一个人总是想象自己进入某种情境，感受某种情绪，结果这种情绪十之八九真的会到来。一个故意装作愤怒的实验者，由于"角色"的影响，他的心率和体温会上升。心理研究的这个发现可以帮助我们有效地摆脱坏的心情。比如，一个人在烦恼的时候，可以多回忆愉快的事情，还可以用微笑来激励自己，要尽量多想快乐的事情。

那么如何获得快乐呢?

第一,**转移注意力**。人生的道路崎岖不平,坎坎坷坷,难免有挫折和失误,也少不了烦恼和苦闷,应该迅速把注意力转移到别的方面去。

第二,**憧憬未来**。追求美好的未来是人的天性,也是人类生存和社会进步的动力。只有经常憧憬美好的未来,才能始终保持奋发进取的精神状态。

第三,**学会向他人倾诉**。心情不快却憋着不说会闷出病来,有了苦闷应学会向人倾诉。可以向朋友倾诉,这就需要先学会广交朋友。如果经常防范着别人的"侵害"而不交朋友,也就无愉快可谈。没有朋友的话,不仅遇到难事无人相助,也无法找到可一吐为快的对象。

第四,**拓宽兴趣**。兴趣是保护良好心理状态的重要条件。人的兴趣越广泛,适应能力就越强,心理压力就越小。比如,同样是从领导岗位上退下来,有的人觉得无所事事,很容易产生无用、被遗弃等失落感;而有的人则觉得退下来后无官一身轻,可以充分利用这些时间看书、写字、创作、绘画、弹琴、舞剑、养鸟、钓鱼、种花等。总之,兴趣越广泛,生活越丰富、越充实、越有活力,就会觉得生活中处处充满阳光。

第五,**要宽以待人**。人与人之间总免不了有这样或那样的矛盾,朋友之间也难免有争吵、有纠葛。只要不是原则问题,应该与人为善,宽大为怀。绝不能得理不饶人,无理搅三分,更不要为一些鸡毛蒜皮的小事争得脸红脖子粗,伤了和气。

第六,**回忆快乐忘记忧愁**。在人生的旅途中,有时荆棘丛生,有时铺满鲜花,有时忧心如焚,有时其乐融融。对此应进行精心的筛选,不能让那些悲哀、凄凉、恐惧、忧虑、彷徨的心境困扰着我们。对那些幸福、美好、快乐的往事要常常回忆,以便在心中泛起层层涟漪,激发人们去开拓未来,而对那些不愉快的事情、诸多的烦恼则尽量要从头脑中抹掉,切不可让阴影笼罩心头,而失去前进的动力。

第七,**淡泊名利**。现实生活中,有的人把名利看得很重。欲壑难填,官瘾十足。有的人为了名利不择手段,一旦个人目的未能达到,或者耿耿于怀,疑窦丛生;或者心事重重,一蹶不振。除此之外,还要经常锻炼身体,合理饮食,养成良好的生活习惯,这些对于保持一份好心情也是至关重要的。

最后要告诫大家的是:怎么过都是一天,高兴是一天,忧愁也是一天,愁还不如不愁,因为愁于事无补且更伤身体。只有时刻怀有一颗感恩的心,才会活得轻松、洒脱、自如。

第九章

职场成功的秘诀

坚守和谐共处原则

与同事相处,"和谐"非常重要。不过,这两个字说起来简单,做起来并不是那么容易。

当同事在工作上有困难时,我们应该尽心尽力予以帮助,而不是冷眼旁观,甚至落井下石;当同事征求我们的意见时,不要向他发出毫无意义的称赞;当同事在无意中冒犯了我们,又没有跟我们道歉时,要以平和的心态真诚地原谅他,如果今后他还有求于你,你依然要毫不犹豫地帮助他……

总结起来,想与同事和谐相处,一定要遵循四项基本原则:

1. 友好为前提,不要有亲疏远近

同一个部门的同事,与脾气相投的 A 每天都高兴地寒暄,中午约在一起吃午饭;相反,对不易结交的 B 就不大爱打招呼。由于亲善与疏远而改变了与对方的交往方式,尽管这是个人之间的小事,但同在一个科室,这样做并不好。

许多人来到一个共同的工作岗位,常碰到不能情投意合的人,而工作中却难免要和这种人协作、打交道。因此,有必要努力从平时做起,出于公心与他们处理好关系,同时注意严格区分公与私的问题。

2. 不要随便插手同事的工作

无论多么要好的同事,背着上级互相分担或帮助别人工作都是不允许的。公司有各种各样的职务分工,它是一种有序的制度,无视这一点,会使某一方面的工作受到损失。互相帮助、鼓励是件好事,但应当避免多余的帮助与随意的插手。

3. 与同事交谈时不要涉及他人隐私

"交给了老婆多少奖金?""是不是被女朋友甩了?"说话时涉及这类内容,就冒犯了他人的隐私。的确,两个人谈一谈个人生活方面的心里话,会增加双方的亲密感,并且也不是"谁都不愿说"这种秘密。但是,在公司里说出来,就很容易形成谣传。因此,要想保持同事间的良好关系,就不要随便涉及他人的隐私。无话不说的"知心朋友"保留一两个人就可以了。

4. 对新同事既要指导,又要给予自主权

对于新同事,在他们熟悉工作之前,要耐心指导他们,这样才能显示出你宽广的胸襟。但是,也要给他们一定的自主权,不要事事代劳。与新同事相处应该遵循以下几点:

(1)不要没头没脑地批评。培养新参加工作的同事,最重要的是加强表扬。当然,每个人无论做什么事都可能会失败,但如果在此时不分青红皂白地训斥,则会产生不利影响。要么使没有做好工作的人更加畏缩不前,要么会造成对方的反抗行为。如果说"我也经历过同样的失败""如果改为这样做,就会更好了",

对方就会认为你能够理解他，会深受鼓舞。

对于工作努力的新同事，应当经常说一些"干得很出色""不错，继续努力"等夸奖的话。其重要意义在于让他们鼓足勇气继续努力工作。

（2）尊重他人的意见。心理学家库鲁特·罗宾在《认识的不协调理论》一书中指出：人只接受并理解自己选择的东西。也就是说，假如是按照自己的意见或办法去做工作，则他就会干劲倍增。反之，按照他人（如老职员）强加的意见和办法做工作，就不易领会，干劲也就无从谈起。如果新职员将一件工作干得得心应手了，老职员就应当尊重他们的意见和建议，这样会有利于他们的成长和发展。

凡事做到位，但不要越位

有人说过这样一句话："做得多不一定做得对。"其中的道理，在职场上体现得非常明显，尤其是在与上司相处的过程中。在工作中，摆正自己的角色位置，"越位"只会让你出力不讨好。

"做到位而不越位"讲的是个"度"的问题。在日常工作中，除了要摆正自己的位置外，更重要的是把握好自己的职责权限。分内的事情努力做好，分外的事不要轻易插手，尤其不可做越级越权的事情。因为这样不但浪费了时间精力，更会惹人讨厌。

第九章 职场成功的秘诀

小刘和小王是同一部门的两名普通工作人员，他们有一个共同的特点，就是精明果断、办事能力强。但该部门的主管办事却拖拖拉拉，优柔寡断。对此，心高气傲的小刘早就颇有微词。公司向该部门下达了新的业务指标，主管反复考虑，瞻前顾后，一直无法提出具体的计划和方案。心怀不满的小刘直接向总经理打报告，提出了自己的一套方案。而为人低调的小王选择跟主管共同商量，拿出相应的对策和方案。在小王的启发下，主管凭借自己丰富的实战经验，很快提交了一套同样出色的方案。最终，公司采纳了主管的方案。不久，主管获得提升，小王在他的推荐下，接替了他的位子。怨气冲天的小刘很快便离开了公司。

小刘在这件事中忽视了一点：在很多情况下，主管的能力不一定比下属强，但这不能改变主管与下属之间从属的关系。把自己的聪明才智无私地奉献给主管，小刘可能认为这样太冤了，心理上难以平衡。事实上，只有主管得到提升，你才能有出头之日。你在紧急关头及时"救驾"，你的主管会从此视你为得力干将，对你另眼相看。一有机会，你得到提升是水到渠成的事情。

越级越权，企图盖过上司的风头，在上司的上司那里表现自己，这种行为会严重损害部门主管的感情，也会给自己以后的晋升带来难以逾越的障碍。因此，除非万不得已，千万不要越级汇报工作。公司像一部复杂而精密的机器，每一个部件都在固定的位置发挥着不同的作用，以保障整部机器的正常运转。然而有一部分人为了突出自己，老是喜欢搞越级活动，这些人大部分对自己顶头上司有某种不信任或者不服气。这样做的后果是扰乱了公司正常的工作程序，造成人为的关系紧张，反而影响了工作效率，更会影响到自己的晋升之路。

一般来说，"凡事做到位，不要越位"还必须遵守几条守则：

1. 明确工作权限

进入某一岗位，需要弄清楚自己日常扮演的角色、应当履行的职责、应当遵守的行为规范。

2. 分清"分内"和"分外"

在其位要谋其政，不属于自己职责范围的事情，便要小心谨慎，尽量少插手或不插手。当然，不排除有些上司会下放自己的某些权限，把本属于自己职责范围内的一些工作交给值得信赖的下属去做。此时，作为下属，一定要全力以赴，发挥自己的极限水平去做好。应当注意的是，必须由上司自己亲自委派你干这项工作，一般情况下不要主动要求，以免上司认为你插手太多，有越位之嫌。

3. 不可轻越"雷池"

遇到自己不熟悉的工作时要多请示，否则往往会不自觉地造成越权行为，好心办错事。"雷池"不可轻越，万事谨慎为先。

脑子里是"意见",出口是"建议"

向上司、决策者贡献自己好的建议与计划,是我们每个人应尽的职责。然而,我们在献计献策的时候,往往会遇到不受重视、不被采纳的苦恼。尤其是当一个经过自己潜心研究、周密思考,确信是一个非常合理、非常优秀的建议和计划被上司断然拒绝的时候,我们的苦恼会更大。领导之所以拒绝你,是因为他与你身份、地位不同,因而存在一些微妙的心态。

因此,如果你有很不错的想法要告诉上司,就需要使用一点儿策略,否则很容易"引火烧身"。

王凯在某企业负责工程项目很多年了。最近集团空降了一个副总裁,人非常能干。新官上任三把火,这个副总裁一上来就带来一个巨大的难题。他指挥的第一个工程方案就让王凯暗暗叫苦,因为按照这种操作流程,这个工程在本公司是无法完成的,目前所在企业的员工的素质也无法和原来副总裁所在的外企相比,资源和硬件更是无法相提并论的。

想到这里,王凯斗胆地向副总裁进言并说出了自己的想法。不料,副总裁很生气地对他说:"我在这行干了这么多年,经验是成型的,没有完不成的任务,只有想不到的方法。你就按照我的指挥去做好了,完不成任务、达不到目标就是你工作失职指挥无方。"

王凯的进言不仅没有起到实质性的效果,还受到了上司的训斥并把球抛回给他,工作完成不了,责任反而要王凯担着。职场上的确有很多无奈,让你欲哭无泪,你必须随时保持警惕,认真揣摩对方的心理,三思而后行。因为可能你的一句话、一个小小举动,就会影响到你的升职加薪,影响到你在公司的去留。

上司一般都不喜欢听意见,只喜欢听建议,聪明的下属,要学会巧妙地将"意见"转化为"建议"。那么,我们该怎样向上司提"建议"呢?以下几条为我们提供了很好的参考:

1. 态度要诚恳,言语要适度

给上司提建议时,说话的态度一定要诚恳,要注意敬语的运用,委婉地把自己的意见表达出来。因为你的坦率和诚意,即使对方不完全赞同你的观点,也不会影响到他对你个人的看法。同时,在谈话中,要学会察言观色。密切注意上司对你所说的话的反映,通过他的表情及身体语言所传达的信息,判断他是赞同你的观点还是反对你的观点,尽快调整自己的说话思路。

2. 跟上司拉近关系

平时要经常和你的上司套套近乎。例如,开个玩笑、适当地唠唠家常等,还可以下班后一块儿吃次饭、唱次歌来拉近彼此的距离。当你准备提意见时,可以选择在下班后,找个轻松自在的地方,借吃饭之际或打高尔夫球之际,把自己的想法恰如其分地表达出来,这样会达到意想不到的效果。

3. 提意见一定要找个适当的时机

你的上司再能干也是一个普通人，所以你要照顾他的心情，选择合适的时机说。一般早晨刚上班，上司心情好，谈话效率较高。而下班前的那一段时间，因为忙碌了一天，心情比较烦躁，你千万别在这个时间火上浇油。

4. 站在上司的立场想问题

不要总是想当然地站在自己或者自己这个圈子里想问题，一定要设身处地地站在上司的立场考虑问题。要有全盘意识，学会通盘考虑问题，注意并处理好各种利益之间的"牵一发动全身"的关系。不仅提出意见，更重要的是提出解决问题的方案。这样才能赢得上司的信任和赏识。

5. 对聪明睿智的上司提意见

对于聪明睿智的上司，提意见时要在恰当的时候蜻蜓点水地提一下，让他心领神会。不一定非要在办公室提意见，可以在饭桌上、汽车里、走廊等不太正式的场合，趁他高兴，借着聊天开玩笑，随口就把意见温柔地抛过去。

6. 对性情暴躁、自以为是型的上司提意见

对性情暴躁、自以为是型的上司提意见，要把自己的身份放低一点儿，说话中肯、谦虚一点儿。谈话时，时时注意对方的反应，通过表情和肢体语言，判断他是否接受你的观点。如果不接受，你千万别太坚持，让他自己撞了南墙再回头，到时候他反而会更加感谢你，并欣赏你的先见之明。

满足上司的尊重需求,切忌私自定夺

上司永远是上司,即使多小的、多不重要的事,也要让他定夺。因为这表现了你对上司的尊重和重视程度。

在不该说话的时候说话、不该做主的时候做主,是职场新人常犯的毛病。你必须知道,无论你帮老板管了多少事,他还是你的老板,大事小情还得由他来做主。

这是一个让人深思的关于自作主张的故事。

有家杂志社给一个作家做了一期专访,等杂志出来以后,这个作家收到了一本样刊,他想多要几本送给朋友,便打电话给这家杂志社的主编。

主编不在,杂志社里一个编辑接了电话。"麻烦你转告一下主编,我希望多要几本这期杂志。""这个啊,没问题!您直接派人过来拿就成。"该编辑爽快地说。

作家正打算驱车去拿杂志时,却接到主编的电话:"对不起!刚才我不在,杂志收到了吧?我现在派人给您多送了几本过去。"停了一下,主编又说:"可是,对不起,我想知道是哪位编辑说您可以立刻过来拿的。"

作家很奇怪,于是问道:"有问题吗?""当然没问题,您要10本都可以,我只是想知道,是谁在自作主张。"

事情的结果可想而知,那位自作主张的编辑免不了受到上司的一番责备，上司一定会认为他目中无人，他在主编心目中的印象也肯定会大打折扣。

既然是别人点名找你的上司，作为下属就该转告，而不是替他做主。虽然只是一句话而已，但本来可以由上司卖出的人情，却被你无意挥霍了。想想看，像这位编辑的行为，上司能不反感吗？老板就是老板，下属就是下属，不要自以为聪明，就可以自作主张，真正的好下属要懂得什么时候该说、什么时候该做。

不自作主张，这是你在处理公司事务时起码要做到的，而要想在这一方面做得更好，你还需要做到遇事时多和上司商量，多让上司给你做主。

你有没有常常向上司询问有关工作上的事，或者是自己的问题？有没有跟他一起商量？如果没有，从今天起，你就应该改变方针，尽量详细地发问。部下向上司请教并不可耻，而且是理所当然。有心的上司都很希望他的部下来询问。部下来询问，表示他的眼里有上司，尊重上司，尊重上司的决定。同时也表示他在工作上有不明之处，而上司能够回答，才能减少错误，上司也才能够放心。

如果员工假装什么都懂，一切事都不想问，上司会觉得"这个人恐怕不是真懂"而感到担心，也会对你是否会在重大问题上自作主张而产生担忧。在工作上，作重大问题的决策时，你不妨问问上司，"关于某件事，某个地方我不能擅自下结论，请您定夺一下",或者"这件事依我看不这样做比较好,不知部长认为应该如何"等。

客观来说,仅就工作而言,下属自作主张带来的后果,往往都不会是十分严重也并非全都消极的方面。可以想象,哪有那么多员工笨到不知轻重的地步,敢于擅自替上司作出关乎单位整体利益的主张。除非他真的是个没有自知之明的人。然而,这种自作主张所带来的对职场上的等级及人际关系常态的冲击,往往是十分明显的。

上司反感下属的自作主张,其实不在于他的擅自决定给工作带来的损失——通常说来,这种损失是微小的。上司心中真正在意的是下属越权行事的行为,以及这种做事风格所反映的下属心中对上司的态度。

因此,工作中多与上司沟通,让他为你出谋划策,假使你有迷惑不解的事、苦恼的事,诸如工作上的难题、家中的困扰、男女感情的苦恼,也可以尽量向上司提出,同他商量。尽管你对此有自己的判断,但是这样做却会使上司产生"他什么事情都听我的"的心态,认为你在什么问题上都会重视他的意见,在工作上也不会私自越权决策。

在职场上,你必须时刻牢记一条:上司永远是决策者和命令的下达者,无论我们有多大的把握相信自己的判断力,无论你代替上司决定的事情有多细微,都不能忽略上司同意这一关键步骤。否则当上司意识到本应由自己拍板的事情,被属下越俎代庖时，他所产生的心理上的排斥感和厌恶感，以及对于下属不懂规矩的气恼，足以毁掉你平时小心经营、凭借积极努力所换来的上司对你的认同。所谓"一着不慎，满盘皆输"，莫过于此。

同事不是家人，不能乱发脾气

处于情绪低潮当中的人，容易迁怒于周围的人，这是自然的，但是办公室是有规则的。为了展示职业风范，更好地在职场中生存，必须根除自己这种陋习，不在同事面前发脾气。

林科长任财务科长的第三年，上司给他委派了一名新主任。新主任是老会计出身，没有多少文化，对所管辖的部属，谁工作认真、谁昼夜加班、谁出了成绩，他是看在眼里，却也忘在脑后；谁迟到早退、谁不请假，或者谁没有给他及时送材料，他却牢牢记在心上，时不时地给点儿颜色瞧瞧。尤其是对财务科的工作总是挑毛病、找破绽，好像怎么看怎么不顺眼。

面对蛮不讲理的新主任，林科长既没有当面顶撞，也没有逢迎巴结。他经常和本科室的人员开会，定出工作程序，交给主任过目后再切实执行，并做好系统记录，以便主任翻阅。这样安排工作，既减少了他这个财务科长与新主任的摩擦，也减轻了自己的负担。

有几次，林科长被主任严厉批评，但他没有任何的异常情绪，也没有把这种情绪带到工作中去。相反，林科长每受到委屈，必当机立断，检查自己的工作、处事是否有错误，并且有错必改，或是重新评价自己，进一步做好本职工作。

此外，对待这样的"大老粗"主任，林科长为自己的前途着想，时时小心、处处小心，每一件事、每一句话都对主任格外尊敬，尊重主任的意见，多向主任请教，多多体谅主任的难处。

这样一年下来，主任对林科长褒奖有加，再也不像以前那样恶声恶气了，又过了半年，林科长被提升为财务部主管。

愤怒常常使人失去理智，在愤怒的情况下做出的举动和判断往往是错误的。身在职场，你应学会控制自己的情绪，应像林科长一样懂得控制自己，这样做才能更利于自己的发展。

大凡身心健康者，每个人都有喜、有怨、有悲，也有愤怒这些心理情绪的存在或表现。生活是多变的，在多变的生活中每个人都会面临挫折、失望、沮丧、失败。在正常情况下，人会在遇到高兴事时，眉飞色舞；遇到伤心事时，愁眉苦脸。但是在办公室，这种情况一定要控制。成功者因这些问题引发愤怒时，总是以积极的态度、积极的情绪来适应它，这就是情绪控制。

控制发怒的目的不是压抑愤怒，而是把愤怒的情绪巧妙地转移，导引为一种努力背后的动力，以推进自己的事业向前发展。这是通常说的聪明人的做法。

很多人经常把工作以外的怒气和不满带到工作中来，同事觉得你像随时都可能爆炸的炸弹，尽量绕开你的办公桌。客户打电话给你，你莫名地冲着他吼叫，然后不等对方说完就把电话挂掉。一整天，你总是用双手抱着头，一声不响地坐在那里，工作懒得做，话也懒得说，办公室的气氛因为你而变得死气沉沉。你自己觉得他们知道真相后会体谅你的，而事情一过，你也会热情地投入工作。殊不知，你这种不够成熟的表现影响了你的工作，而且这样做也并不能使你解脱，你让你的同事们也感到不快，他们不喜欢这样。最重要的是，你的客户永远不会再与你联系。

办公室是一个集体场合，不同于你自己的家——即使在家也要考虑家人的情绪，而同事是与你共同做事的人，不是来看你脸色的。正所谓"一人向隅，举座不欢"，纵使你有一千个理由，也不应该把坏情绪带到办公室来。

图书在版编目（CIP）数据

分寸感：做人的高级修炼 / 宿文渊著. -- 北京：中华工商联合出版社，2024.6
ISBN 978-7-5158-3977-6

Ⅰ.①分… Ⅱ.①宿… Ⅲ.①心理交往－通俗读物 Ⅳ.①C912.11-49

中国国家版本馆CIP数据核字（2024）第111458号

分寸感：做人的高级修炼

著　　者：	宿文渊
出 品 人：	刘　刚
责任编辑：	吴建新　林　立
封面设计：	冬　凡
责任审读：	郭敬梅
责任印制：	陈德松
出版发行：	中华工商联合出版社有限责任公司
印　　刷：	三河市华成印务有限公司
版　　次：	2024年6月第1版
印　　次：	2024年6月第1次印刷
开　　本：	880mm×1230mm　1/32
字　　数：	122千字
印　　张：	6.5
书　　号：	ISBN 978-7-5158-3977-6
定　　价：	35.00元

服务热线：010 — 58301130 — 0（前台）
销售热线：010 — 58301132（发行部）
　　　　　010 — 58302977（网络部）
　　　　　010 — 58302837（馆配部、新媒体部）
　　　　　010 — 58302813（团购部）
地址邮编：北京市西城区西环广场A座
　　　　　19 — 20层，100044
投稿热线：010 — 58302907（总编室）
投稿邮箱：1621239583@qq.com

工商联版图书
版权所有　侵权必究

凡本社图书出现印装质量问题，请与印务部联系。

联系电话：010 — 58302915